U0819939

“十二五”职业教育国家规划教材
经全国职业教育教材审定委员会审定
21世纪高职高专会计专业主干课程教材

Auditing

审 计

习题与实训 （第四版）

胡中艾 主编

东北财经大学出版社
Dongbei University of Finance & Economics Press
大 连

图书在版编目（CIP）数据

审计习题与实训／胡中艾主编．—大连：东北财经大学出版社，2014．7
（2017．1 重印）
（21 世纪高职高专会计专业主干课程教材）
ISBN 978-7-5654-1536-4

Ⅰ．审…　Ⅱ．胡…　Ⅲ．审计-高等职业教育-教材　Ⅳ．F239

中国版本图书馆 CIP 数据核字（2014）第 105569 号

东北财经大学出版社出版
（大连市黑石礁尖山街 217 号　邮政编码　116025）
教学支持：（0411）84710309
营 销 部：（0411）84710711
总 编 室：（0411）84710523
网　　址：http：//www．dufep．cn
读者信箱：dufep @ dufe．edu．cn

大连图腾彩色印刷有限公司印刷　　东北财经大学出版社发行

幅面尺寸：185mm×260mm　　字数：222 千字　　印张：10
2014 年 7 月第 4 版　　2017 年 1 月第 14 次印刷

责任编辑：包利华　　责任校对：刘咏宁　赵楠
封面设计：张智波　　版式设计：钟福建

定价：19．00 元

版权所有 侵权必究　举报电话：（0411）84710523

第四版前言

审计是一门技能性、实践性和应用性较强的课程，学习本课程，不是为了记忆几个专业词汇，而在于能够掌握本课程必备的基本知识和技能，并将其运用于职业活动中。为了便于教师教学和学生学习，提高审计课程教学的效率，保证审计课程教学的效果，我们编写了这本与“十二五”职业教育国家规划教材《审计》（第四版）配套的《审计习题与实训》（第四版）。

这本配套教材是在作者深入一线进行调查研究并收集大量数据之后编写的，在体例上与主教材保持一致，各章练习内容包括判断题、选择题、简答题、实务题、编制工作底稿题等多种题型，旨在帮助学生理解理论知识的同时，掌握实际操作的技能。同时，为了方便学生的学习，本书给出了主要参考答案。本书不仅可供在校学生学习审计之用，而且可供报考注册会计师、审计师资格考试的学员作为审计课程的复习迎考之用。

本书由山西省财政税务专科学校胡中艾教授担任主编，并对书稿进行了总审定。全书分职业认知篇和交易循环篇两篇，共 13 章，各章分工如下：第 1 章、第 3 章由胡中艾教授编写；第 4 章、第 8 章、第 13 章由王建发教授编写；第 7 章、第 9 章由贾俊耀教授编写；第 2 章、第 5 章、第 10 章由刘红梅副教授编写；第 6 章、第 12 章由马琳英副教授编写；第 11 章由郑红梅副教授编写。

本书在编写过程中参考了大量的相关文献，在此，对文献的作者表示深深的感谢。同时，承蒙审计界和东北财经大学出版社同仁的指教和鼎力协助，值此出版之际，我们谨向对本书的编写和出版给予关心、支持和帮助的有关领导、同事以及审计界、出版界同仁致以诚挚的谢意。

由于学识有限，书中难免存在缺点和疏误之处，恳请读者批评指正。

如果你有问题，想与我们交流与讨论，可以扫一扫下方的二维码。

教师扫一扫　　学生扫一扫

编　者

2014 年 6 月

目 录

上篇
职业认知篇

第 1 章

审计本质、目标和分类

学习目的与要求

本章主要学习审计的定义、特征、对象、职能、作用、任务、目标、种类等问题，这些问题与理解审计本质密切相关。学习本章内容，旨在了解和掌握审计入门必备的基础理论和基本知识，初步认识审计的本质，明确审计作为高层次经济监督的本质特征，充分认识审计工作的必要性和重要性。通过本章的学习，要理解审计的定义，明确审计的特征、职能、作用和任务，掌握审计目标的确定，了解审计在按主体、对象、客观条件等不同标准分类下的不同种类，从而为进一步学习后续内容打下良好的基础。

重点、难点解析

一、重点解析

本章学习的重点，一是审计的本质，二是审计的目标。

（一）审计的本质

对审计本质的认识，一般从以下几个方面理解：

1. 审计是独立检查会计账目，监督财政、财务收支真实、合法、效益的行为。

2. 审计监督的本质特征就是高层次的经济监督。这种本质特征主要表现在：(1) 审计主体的独立性。审计机构和人员在组织上、人员上、工作上和经济上，以其超脱的地位，依法独立行使审计监督权，不受其他行政机关、社会团体和个人的干涉。(2) 审计对象的广泛性。一切负有财政、财务和经营管理责任的政府机关、社会团体和企事业单位，都具有一定的经济责任关系，都是审计授权人授权审计的单位，都属于审计对象。(3) 审计监督的权威性。审计组织的工作过程具有法律保障，审计结果具有法律效力。(4) 审计监督的专职性。审计组织不参与经济管理活动，专司经济监督，以法规标准和业务规范标准监督被审计人的行为，进而查明并评价被审计人经济责任的履行情况。(5) 审计手段的科学性。审计组织和人员采用各种科学严密的审计程序和方法，符合审计工作的客观规律。

3. 审计的对象是指被审计单位的财政财务收支及其有关经济活动。

4. 审计的职能可以概括为经济监督、经济评价和经济鉴证。

5. 我国现阶段审计的作用，概括起来主要有防护作用和促进作用。

（二）审计目标

概括地讲，审计目标是对审计对象的评价，是审计主体通过审计活动所期望达到的最终结果。审计目标是审计主体进行审计前所确定的工作方向，是审计活动的定向机制。在审计的基础理论中，审计目标构成了审计概念结构体系的基石，是理解和把握审计本质的关键所在。

正确理解审计目标应注意以下几点：

1. 审计目标有总体目标和具体目标之分。

执行财务报表审计工作时，注册会计师的总体目标是：（1）对财务报表整体是否不存在由于舞弊或错误导致的重大错报获取合理保证，使得注册会计师能够对财务报表是否在所有重大方面按照适用的财务报告编制基础编制发表审计意见；（2）按照审计准则的规定，根据审计结果对财务报表出具审计报告，并与管理层和治理层沟通。

审计具体目标是审计总体目标的具体化，它应当根据审计总体目标和被审计单位的认定来确定。被审计单位的认定与审计目标密切相关，注册会计师的基本职责就是确定被审计单位管理层对其财务报表的认定是否恰当。管理层在财务报表上的认定包括对与各类交易和事项相关的认定、与期末账户余额相关的认定及与列报和披露相关的认定。

2. 审计目标不是审计目的。审计目的是审计结果所带来的影响，是审计的间接作用。一般说来，审计目的是审计目标实现后，通过审计客体的努力，使审计结果发挥作用的成效。

二、难点解析

本章的难点是认定。同学们在理解和认识时，应把握以下两点：

（一）认定的含义

认定，是指被审计单位管理层在财务报表中作出的明确或隐含的表达，注册会计师将其用于考虑可能发生的不同类型的潜在错报。

（二）认定的内容

认定的内容包括对与各类交易和事项相关的认定、与期末账户余额相关的认定及与列报和披露相关的认定。

1. 与各类交易和事项相关的认定。注册会计师对所审计期间的各类交易和事项运用的认定通常分为下列类别：（1）发生；（2）完整性；（3）准确性；（4）截止；（5）分类。

2. 与期末账户余额相关的认定。注册会计师对期末账户余额运用的认定通常分为下列类别：（1）存在；（2）权利和义务；（3）完整性；（4）计价和分摊。

3. 与列报和披露相关的认定。注册会计师对列报运用的认定通常分为下列类别：（1）发生及权利和义务；（2）完整性；（3）分类和可理解性；（4）准确性和计价。

思考与练习

一、判断题

1. 审计具体目标是审计总目标的具体化，它应当根据被审计单位的认定来确定。（　　）

2. 审计主体的独立性，主要是由审计人在审计关系中所处的超脱地位所决定的。（ ）

3. 审计就是查账。（ ）

4. 我国现行的财政、税务、银行等部门所从事的经济监督活动不属于审计监督。（ ）

5. 经济监督是民间审计本身所固有和必需的职能。（ ）

6. 我国审计署对民政事业费的审计属于政府审计。（ ）

7. 政府审计和民间审计都属于被审计单位以外的审计组织所进行的审计，统称外部审计。（ ）

8. 强制审计是指根据被审计单位的意愿而进行的审计。（ ）

9. 就地审计一般适用于业务量不多的行政事业单位的经费收支审计。（ ）

10. 对被审计单位应付职工薪酬的审计属于部分审计。（ ）

二、单项选择题

1. 审计产生于（ ）的需要。

A. 查错防弊　B. 提供审计信息　C. 公证　D. 经济监督

2. 审计的主体是指（ ）。

A. 被审计单位　B. 被审计单位的财政财务活动

C. 专职审计机构或人员　D. 有关的法规和审计标准

3. 审计的客体是指（ ）。

A. 被审计单位　B. 专职审计机构或人员

C. 被审计单位的经济活动　D. 有关的法规和审计标准

4. 在审计工作中，揭示审计对象的差错和弊端，属于审计的（ ）。

A. 促进作用　B. 防护作用　C. 证明作用　D. 宏观调控作用

5. 事前审计的主要目的是（ ）。

A. 预防错弊行为的发生　B. 确保内部控制的贯彻执行

C. 及时发现和纠正错弊行为　D. 确认经济责任

6. 审计的最基本职能是（ ）。

A. 经济评价　B. 经济监督　C. 经济鉴证　D. 经济证明

7. 甲公司购入设备一台，会计人员在入账时，漏记了该设备的安装调试费，则违反的认定是（ ）。

A. 存在　B. 完整性　C. 计价和分摊　D. 分类

8. 甲公司发生的下列事项中，涉及计价和分摊认定的是（ ）。

A. 向丙公司拆借的款项未列入账中

B. 将经营租入的设备列为企业的固定资产

C. 将应收 M 公司 50 万元货款记为 100 万元

D. 将预付账款列示于应付账款中

9. 被审计单位已将固定资产抵押，但未在财务报表附注中披露，则违反的认定是（ ）。

A. 存在　　B. 完整性　　C. 计价和分摊　　D. 可理解性

10. 注册会计师接受委托人的委托，按照委托人的要求对被审计人进行的财务审计，属于(　　)。

A. 任意审计　　B. 强制审计　　C. 专项审计　　D. 突击审计

三、多项选择题

1. 被审计单位管理层在资产负债表中列报存货及其金额，意味着作出了下列各项中(　　)的认定。

A. 记录的存货是存在的

B. 存货以恰当的金额包括在财务报表中

C. 所有应当记录的存货均已记录

D. 记录的存货都由被审计单位拥有

2. 我国社会主义审计的作用，概括起来主要有(　　)。

A. 防护作用　　B. 监督作用　　C. 促进作用　　D. 管理作用

3. 审计关系人是由(　　)组成。

A. 审计人　　B. 被审计人　　C. 审计载体　　D. 审计委托人

4. 审计按其主体的目的分类，可以分为(　　)。

A. 财政财务收支审计　　B. 财经法纪审计

C. 经济效益审计　　D. 内部审计

5. 审计按其范围不同，可以分为(　　)。

A. 全部审计　　B. 部分审计　　C. 预告审计　　D. 突击审计

6. 审计的职能包括(　　)。

A. 经济监督　　B. 经济鉴证　　C. 经济评价　　D. 经济核算

7. 目前，我国形成了(　　)的审计监督体系。

A. 政府审计　　B. 事后审计　　C. 内部审计　　D. 民间审计

8. 注册会计师在对财务报表进行审计时，一般情况下，更应关注完整性认定的项目是(　　)。

A. 预付账款　　B. 短期借款　　C. 应付账款　　D. 管理费用

四、简答题

1. 什么是审计？审计具有哪些特征？

2. 审计的独立性主要表现在哪些方面？

3. 审计的对象包括哪些内容？

4. 审计具有哪些职能？

5. 审计的作用主要有哪些？

6. 什么是认定？认定主要包括哪些内容？

7. 注册会计师如何根据认定来确定具体审计目标？

8. 如何按审计主体的不同对审计进行分类？

9. 如何按审计对象的不同对审计进行分类？

10. 如何按审计客观条件的不同对审计进行分类？

第2章

会计师事务所和注册会计师

学习目的与要求

会计师事务所作为民间审计组织，是由国家批准成立的依法独立承办注册会计师业务的单位，是注册会计师的工作机构。会计师事务所及其注册会计师应按照既定的职业规范体系开展业务活动，采用各种措施减少过失和防止欺诈，避免法律诉讼，高质量地完成社会赋予的任务。通过本章学习，旨在认识设立会计师事务所、执行相关业务的原则和规范。要了解会计师事务所的组织形式及设立条件，了解注册会计师的业务范围，明确注册会计师应具备的职业道德和应承担的法律责任，熟悉注册会计师执业准则体系的基本框架和相关内容，掌握中国注册会计师鉴证业务的定义和要素。

重点、难点解析

一、重点解析

本章教学重点是注册会计师职业道德规范。

注册会计师职业道德规范包括职业道德基本原则和职业道德概念框架。职业道德基本原则包括诚信、独立性、客观和公正、专业胜任能力和应有的关注、保密、良好的职业行为。职业道德概念框架是指解决职业道德问题的思路和方法，用以指导注册会计师：识别对职业道德基本原则的不利影响；评价不利影响的严重程度；必要时采取防范措施消除不利影响或将其降至可接受水平。在运用职业道德概念框架时，如果某些不利影响是重大的，或者合理的防范措施不可行或无法实施，注册会计师可能面临不能消除不利影响或无法将其降至可接受水平的情形，注册会计师应当拒绝或终止业务，必要时与客户解除合约关系，或向其雇佣单位辞职。

二、难点解析

（一）职业道德基本原则

诚信，是指诚实、守信。也就是说，一个人的言行与内心思想一致，不虚假；能够履行与别人的约定而取得对方的信任。独立性是指不受外来力量控制、支配，按照一定之规行事。在执行鉴证业务时，注册会计师必须保持独立性。客观是指按照事物的本来面目去考察，不添加个人的偏见。公正是指公平、正直、不偏袒。客观和公正原则要求注册会计师对有关事项的调查、判断和意见的表述不应因偏见、利益冲突以及他人的不当影响而损害职业判断。专业胜任能力是指注册会计师具有专业知识、技能和经验，能够经济、有效地完成客户委托的业务。如果注册会计师在缺乏足够的知识、技能和经验的情况下提供专业服务，就构成了一种欺诈。一个合格的注册会计师，不仅要充分认识自己的能力，对自己充满信心，更重要的是，必须清醒地认识到自己在专业胜任能力方面存在的不足，如果承接了难以胜任的业务，就可能给客户乃至社会公众带来危害。应有的关注要求注册会计师勤勉尽责，按照有关工作要求，认真、全面、及时地完成工作任务。保密原则要求注册会计师应当对在职业活动中获知的信息予以保密。良好职业行为要求注册会计师应当遵守相关法律法规，避免发生任何有损职业声誉的行为。

（二）鉴证业务的定义和要素

鉴证业务是指注册会计师对鉴证对象信息提出结论，以增强除责任方之外的预期使用者对鉴证对象信息信任程度的业务。通过注册会计师对鉴证对象信息执行具有独立性和专业性的鉴证业务，出具鉴证报告，可以使鉴证对象信息的预期使用者提高对鉴证对象信息的信任程度。鉴证业务要素包括鉴证业务的三方关系、鉴证对象、标准、证据和鉴证报告五个方面。

鉴证业务涉及的三方关系人包括注册会计师、责任方和预期使用者。注册会计师是指取得注册会计师证书并在会计师事务所执业的人员，有时也指其所在的会计师事务所。注册会计师接受委托执行业务，是鉴证业务的主体。责任方通常是指对鉴证对象信息负责并可能同时对鉴证对象负责的组织或人员，即企业管理者。预期使用者是指预期使用鉴证报告的组织或人员。鉴证对象信息应当恰当反映既定标准运用于鉴证对象的情况。如果没有按照既定标准恰当反映鉴证对象的情况，鉴证对象信息可能存在错报，而且可能存在重大错报。鉴证对象是鉴证业务的客体，通常是指企业的财务状况、经营成果和现金流量。鉴证对象信息是指企业的财务报表。标准是指用于评价或计量鉴证对象的基准，当涉及列报时，还包括列报的基准。注册会计师在运用职业判断对鉴证对象作出合理一致的评价或计量时，需要有适当的标准。如果没有适当的标准提供指引，注册会计师将无法作出正确的判断。证据是指注册会计师应当以职业怀疑态度计划和执行鉴证业务，获取有关鉴证对象信息是否不存在重大错报的充分、适当的证据。注册会计师应当出具含有鉴证结论的书面报告，该鉴证结论应当说明注册会计师就鉴证对象信息获取的保证。

思考与练习

一、判断题

1. 独资会计师事务所是指由具有注册会计师执业资格的个人独立开设，并承担有限责任的会计师事务所。（　）

2. 有限责任公司制会计师事务所的优点是，可以通过公司制形式迅速聚集一批注册会计师，建立规模型大所，承办大型业务。（　）

3. 成为会计师事务所合伙人不需要持有注册会计师证书。（　）

4. 中国注册会计师职业道德守则只规定了注册会计师职业道德基本原则。（　）

5. 注册会计师可以利用因职业关系和商业关系而获知的涉密信息为自己或第三

方谋取利益。（　　）

6. 审计署发布并实施了《中国注册会计师执业准则》。（　　）

7. 实质上的独立性要求注册会计师在提出结论时不受有损于职业判断的因素影响，能够诚信行事，遵循客观和公正原则，保持职业怀疑态度。（　　）

8. 会计师事务所由注册会计师组成，实行自收自支、独立核算、依法纳税。（　　）

9. 注册会计师提供的专业服务包括会计服务和鉴证业务。（　　）

10. 鉴证业务的三方关系人是指注册会计师、责任方和预期使用者。（　　）

11. 标准可以是正式的规定，也可以是某些非正式的规定。（　　）

二、单项选择题

1. 会计师事务所经过行业主管机关或注册会计师协会的批准登记并由注册会计师协会予以公告才能开业，申请成立有限责任会计师事务所一般还应进行（　　）登记。

A. 财政登记　B. 审计登记　C. 监察登记　D. 公司登记

2. 鉴证业务的用户是（　　）。

A. 注册会计师　B. 预期使用者　C. 管理者　D. 债权人

3. 合伙会计师事务所是由（　　）名以上符合规定条件的合伙人共同成立的。

A. 七　B. 五　C. 三　D. 两

4. 在审计客户与第三方发生诉讼或纠纷时，注册会计师担任该客户的辩护人，属于（　　）

A. 自身利益　B. 自我评价　C. 过度推介　D. 外在压力

5. （　　）属于其他鉴证业务。

A. 内部控制鉴证　B. 管理咨询　C. 审计业务　D. 审阅业务

6. （　　）是用以规范注册会计师在执行各类业务时应当遵守的质量控制政策和程序，是对会计师事务所质量控制提出的制度要求。

A. 审计准则　B. 会计师事务所质量控制准则

C. 审阅准则　D. 其他鉴证业务准则

7. 鉴证业务的基础是独立性和专业性，通常由具备专业胜任能力和独立性的（　　）来执行。

A. 投资人　B. 债权人　C. 预期使用者　D. 注册会计师

8. 尽管在审计过程中，注册会计师可能向被审计单位管理层和治理层提出调整建议，甚至在不违反独立性的前提下为管理层编制财务报表提供协助，但（　　）应对编制财务报表承担责任，并通过签署财务报表确认这一责任。

A. 财政部门　B. 治理层　C. 管理层　D. 预期使用者

9. 在注册会计师的审计过失中，最主要的是由于缺乏（　　）而引起的。

A. 法律专业人员帮助　B. 应有的职业谨慎

C. 财政部门的支持　D. 审计经费

10. 鉴证对象信息是按照（　　）对鉴证对象进行评价和计量的结果。

A. 标准　　B. 说明文件　　C. 关键指标　　D. 财务报表

三、多项选择题

1. 标准的特征包括(　　)。

A. 相关性　　B. 完整性　　C. 可靠性　　D. 中立性　　E. 可理解性

2. 鉴证业务按照提供的保证程度和鉴证对象的不同分为(　　)。

A. 审计业务　　B. 审阅业务　　C. 其他鉴证业务　　D. 企业管理咨询

3. 根据《注册会计师法》的规定，我国允许设立(　　)会计师事务所。

A. 有限责任公司制　　B. 独资　　C. 合伙　　D. 有限责任合伙制

4. 中国注册会计师协会会员职业道德守则规定，独立性包括(　　)。

A. 精神上的独立性　　B. 形式上的独立性

C. 实质上的独立性　　D. 经济上的独立性

5. 专业胜任能力可分为(　　)两个独立的阶段。

A. 专业胜任能力的获取　　B. 后续教育

C. 专业胜任能力的保持　　D. 职业教育

6. 对注册会计师遵循职业道德基本原则的不利影响可能产生于各种情形和关系。这些不利影响可以归纳为(　　)导致的不利影响。

A. 自身利益　　B. 自我评价　　C. 过度推介　　D. 密切关系

E. 外在压力

7. 自身利益导致不利影响的情形主要包括(　　)。

A. 鉴证业务项目组成员在鉴证客户中拥有直接经济利益

B. 会计师事务所过分依赖向某一客户的收费

C. 鉴证业务项目组成员与鉴证客户存在重要且密切的商业关系

D. 会计师事务所与客户就鉴证业务达成或有收费的协议

8. 外在压力导致不利影响的情形主要包括(　　)。

A. 会计师事务所受到客户解除业务关系的威胁

B. 审计客户表示，如果会计师事务所不同意其对某项交易的会计处理，审计客户将不再委托其承办协议中的非鉴证业务

C. 客户威胁将起诉会计师事务所

D. 会计师事务所受到降低收费的影响而不恰当地缩小工作范围

E. 会计师事务所合伙人告知注册会计师，除非同意审计客户不恰当的会计处理，否则将影响晋升

9. 注册会计师因违约、过失或欺诈给被审计单位或其他利害关系人造成损失的，按照有关法律规定，可能被判承担(　　)。

A. 行政责任　　B. 民事责任　　C. 刑事责任　　D. 保密责任

10. 《中国注册会计师鉴证业务基本准则》规定鉴证业务要素包括(　　)。

A. 鉴证业务的三方关系　　B. 鉴证对象

C. 标准　　D. 证据

E. 鉴证报告

四、简答题

1. 会计师事务所的组织形式有哪些？其各自有哪些优、缺点？
2. 注册会计师的业务范围有哪些？
3. 注册会计师职业道德规范的内容有哪些？
4. 注册会计师职业道德基本原则包括的内容有哪些？
5. 可能对注册会计师遵循职业道德基本原则产生不利影响的因素有哪些？
6. 对注册会计师违反职业道德基本原则的防范措施有哪些？
7. 注册会计师执业准则体系的内容有哪些？
8. 中国注册会计师鉴证业务基本准则的内容有哪些？
9. 中国注册会计师鉴证业务要素有哪些？
10. 被审计单位管理层和治理层的责任各是什么？
11. 注册会计师法律责任的认定有哪些？
12. 注册会计师减少过失和防止欺诈的措施有哪些？
13. 注册会计师避免法律诉讼的具体措施有哪些？

五、实务题

1. ABC 会计师事务所接受大型纺织企业甲公司（非公众利益实体）的委托，对其 2013 年度财务报表进行审计，并指派 A 注册会计师担任项目合伙人。假定：

（1）项目组成员 B 的父亲与甲公司签订了一项合作协议：自 2013 年 4 月起加盟甲公司产品专卖店。

（2）项目组成员 C 于 2012 年 5 月将其自有住房出租给房屋中介公司，后者转租给甲公司财务经理李某，李经理按季向 C 注册会计师交房租。

（3）项目组成员 D 注册会计师的孩子 2013 年年初担任甲公司董事会的秘书，但已于 2013 年 11 月份辞职。

（4）2013 年 3 月，ABC 会计师事务所与甲公司签订协议，约定从 2014 年起由 ABC 会计师事务所为甲公司代理发行债券。

（5）2013 年 7 月，为购置办公用房，ABC 会计师事务所请甲公司担保，从某银行取得了 800 万元的长期借款。

要求：根据以上情况，逐项指出是否对独立性产生不利影响；如认为产生不利影响，请简要说明理由。

2. ABC 会计师事务所通过招投标程序接受委托，负责审计上市公司甲公司 2013 年度财务报表，并委派 A 注册会计师为审计项目组负责人，在审计过程中，ABC 会计师事务所遇到下列事项：

（1）签订审计业务约定书时，ABC 会计师事务所根据有关部门的要求，与甲公司商定按六折收取审计费用，据此，审计项目组计划相应缩小审计范围，并就此事与甲公司治理层达成一致意见。

（2）签订审计业务约定书后，ABC 会计师事务所发现甲公司与本事务所另一常年审计客户丁公司存在直接竞争关系。ABC 会计师事务所未将这一情况告知甲公司和丁公司。

（3）审计开始前，应甲公司要求，ABC 会计师事务所指派一名审计项目组以外的员工根据甲公司编制的试算平衡表编制 2013 年度财务报表。

（4）审计过程中，A 注册会计师应甲公司要求协助制定公司财务战略。

要求：针对上述（1）至（4）项，分别指出 ABC 会计师事务所是否违反中国注册会计师职业道德守则，并简要说明理由。

第3章

初步业务活动

学习目的与要求

注册会计师审计是一种受托审计，是一项公证事业。为了避免在接受委托时盲目从事，影响审计质量，需要开展同客户建立关系或保持关系，评价注册会计师遵守职业道德情况以及签订业务约定书等一系列初步业务活动。通过本章学习，要明确开展初步业务活动的内容和目的；理解评价遵守职业道德规范的内容；明确审计业务约定书的内容和目的；掌握审计业务约定书的编制技术和方法。

重点、难点解析

一、重点解析

本章教学重点是初步业务活动的内容。下面就初步业务活动的内容进行解析。

初步业务活动，是指注册会计师在本期审计业务开始时应进行的业务活动。注册会计师进行的鉴证业务，是一种公证的事业，审计质量高低对社会公众作出正确决策有着重要的作用，为此要通过对客户是否诚信以及项目组是否具备执行审计业务的专业胜任能力等方面的考虑保证审计质量；管理层在编制财务报表时采用可接受的财务报告编制基础，以及管理层对注册会计师执行审计工作的前提的认同是审计的前提条件，如果审计的前提条件不存在，审计人员就很难作出正确的审计结论以及分清注册会计师与管理层的责任，在这种情况下接受委托就是不恰当的，注册会计师应确定审计的前提条件是否存在；注册会计师审计是一种受托审计，为了与被审计单位就审计业务有关事项达成一致意见，促使双方责任与义务的履行，需要签订或修改审计业务约定书。以上这些活动都是注册会计师在本期审计业务开始时应进行的初步业务活动。也就是说，为了提高审计工作质量，为了使注册会计师接受委托后，审计和受审单位有法律约束等目标实现，需要开展初步业务活动。具体来说，注册会计师在本期审计业务开始时应进行以下三项初步业务活动：一是针对保持客户关系和具体审计业务实施相应的质量控制程序。注册会计师应当考虑被审计单位的主要股东、关键管理人员和治理层是否诚信，项目组是否具备执行审计业务的专业胜任能力以及审计的前提条件是否存在等情况，以确定保持客户关系和具体审计业务的结论是恰当的。二是评价遵守职业道德规范的情况。职业道德规范要求注册会计师项目组成员恪守独立、客观、公正的原则，保持专业胜任能力和应有的关注，并对审计过程中获知的信息保密。只有确保注册会计师已具备执行业务所需要的独立性和专业胜任能力，才不会影响注册会计师对该项业务正确意愿的表达。因此，应评价注册会计师遵守职业道德规范的情况。三是及时签订或修改审计业务约定书。在作出接受或保持客户关系及具体审计业务的决策后，注册会计师应当在审计业务开始前，与被审计单位就审计业务约定条款达成一致意见，签订或修改审计业务约定书，以避免双方对审计业务的理解产生分歧。审计业务约定书一经签订，双方就要按约定书规定条款履行业务，否则，要负法律责任。

二、难点解析

本章的教学难点是对被审计单位的主要股东、关键管理人员和治理层是否诚信的了解。下面就对被审计单位的主要股东、关键管理人员和治理层是否诚信的了解进行解析。

对被审计单位的主要股东、关键管理人员和治理层是否诚信的了解，是在开展初步业务活动时为了同客户建立或保持关系，为了控制审计质量而进行的一项活动。要开展好这一活动，需要从以下几方面获取信息作出判断：一是通过对客户以前的资料审查情况以及交往情况来作出判断；二是通过向被审计单位相关人员询问、走访，根据了解的情况，作出判断；三是通过向与被审计单位交往的其他客户或人员调查，了解有无违反职业道德等不良情况，作出判断；四是通过向财政、税务、银行以及其他审计组织调查，了解有无违法违纪情况，作出判断。

思考与练习

一、判断题

1. 初步业务活动是指注册会计师在本期审计业务开始时进行的诸如考虑被审计单位是否诚信对保证审计质量的影响，连续审计时前期审计发现的重大问题对保持同客户的关系有无影响以及签订或修改审计业务约定书等这些活动。 ( )

2. 无论是连续审计还是首次接受审计委托，注册会计师都应当考虑被审计单位的主要股东、关键管理人员和治理层是否诚信。 ( )

3. 审计的前提条件，是指管理层在编制财务报表时采用可接受的财务报告编制基础，以及管理层对注册会计师执行审计工作的前提的认同。 ( )

4. 管理层对注册会计师执行审计工作的前提认同是指管理层认可并理解其应承担的责任。 ( )

5. 评价遵守职业道德规范的情况，主要是要求注册会计师应保持专业胜任能力和应有的关注，并对审计过程中获知的信息保密。 ( )

6. 如果存在因管理层诚信问题而影响注册会计师保持该项业务意愿，表明注册会计师在进行初步业务活动时对管理层诚信考虑不周。 ( )

7. 在签订审计业务约定书后，与被审计单位如果还存在对业务约定条款误解，表明初步业务活动没有达到目的。 ( )

8. 一般来说，注册会计师在首次接受被审计单位委托时应签订审计业务约定书，在连续审计时应修改审计业务约定书。 ( )

9. 审计业务的委托人可能是被审计单位，也可能不是被审计单位，但不管是什

么情况，审计业务约定书都是由委托人与审计组织共同签订的。 （ ）

10. 签订审计业务约定书的目的主要是为了增进注册会计师与委托人之间的相互了解，使审计工作顺利地开展。 （ ）

二、单项选择题

1. 下列活动中不属于初步业务活动的内容是（ ）。

A. 针对保持客户关系和具体审计业务实施相应的质量控制程序

B. 评价遵守职业道德规范的情况

C. 签订或修改审计业务约定书

D. 评价高层管理人员是否诚信

2. 在连续审计的情况下，注册会计师在决定是否保持与某一客户的关系时，项目负责人通常重点考虑的是（ ）。

A. 本期或前期审计中发现的重大事项，及其对保持该客户关系的影响

B. 被审计单位的主要股东、关键管理人员和治理层是否诚信

C. 项目组是否具备执行审计业务的专业胜任能力以及必要的时间和资源

D. 会计师事务所和项目组能否遵守职业道德规范

3. 下列事项中不属于初步业务活动目的的内容是（ ）。

A. 确保注册会计师已具备执行业务所需要的独立性和专业胜任能力

B. 不存在因管理层诚信问题而影响注册会计师保持该项业务意愿的情况

C. 与被审计单位不存在对业务约定条款的误解

D. 确保审计业务约定书的签订

4. 下列对审计业务约定书的说法不正确是（ ）。

A. 约定书是被审计单位与审计组织共同签订，但也存在委托人与被审计人不是同一方的情况

B. 约定书是一份经济合同文书，具有法定约束力，双方都要遵守

C. 约定书确认了二者的委托与受托关系

D. 约定书可以采用书面形式，也可以采用口头形式

5. 在审计业务约定书中注册会计师所负的审计责任不包括（ ）。

A. 审计组织要按审计准则要求审计，出具审计报告

B. 对审计后的财务报告信息提供高水平保证（合理保证）

C. 按规定时间出具审计报告

D. 保证财务报表的合法性和公允性

三、多项选择题

1. 初步业务活动包括的主要内容是（ ）。

A. 针对保持客户关系和具体审计业务实施相应的质量控制程序

B. 评价遵守职业道德规范的情况

C. 签订审计业务约定书

D. 修改审计业务约定书

2. 无论是连续审计还是首次接受审计委托，注册会计师应当考虑的主要事项

是(　　)。

A. 项目组是否具备必要的时间和资源

B. 被审计单位的主要股东、关键管理人员和治理层是否诚信

C. 项目组是否具备执行审计业务的专业胜任能力

D. 会计师事务所和项目组能否遵守职业道德规范

3. 注册会计师开展初步业务活动应实现的目的主要有(　　)。

A. 确保注册会计师已具备执行业务所需要的独立性

B. 确保注册会计师已具备执行业务所需要的专业胜任能力

C. 不存在因管理层诚信问题而影响注册会计师保持该项业务意愿的情况

D. 与被审计单位不存在对业务约定条款的误解

4. 在审计业务约定书中，管理层的责任包括(　　)。

A. 保证注册会计师不受限制地接触任何与审计有关的记录、文件和所需要的其他信息

B. 管理层对其作出的与审计有关的声明予以书面确认

C. 为注册会计师提供必要的工作条件和协助

D. 及时足额地支付审计费用

5. 在审计业务约定书中，注册会计师的审计责任包括(　　)。

A. 审计组织要按审计准则要求审计，出具审计报告

B. 对审计后的财务报告信息提供高水平保证（合理保证）

C. 按规定时间出具审计报告

D. 保守在执行审计业务时所获悉的商业秘密

6. 在审计业务约定书中，应将审计收费的依据、标准、付费方式和付费时间说清楚。注册会计师收费和标准一般是按(　　)进行。

A. 企业规模大小　　B. 参加人员级别高低

C. 工作时间　　D. 业务量大小及繁简程度

四、简答题

1. 初步业务活动包括哪些内容？

2. 审计的前提条件是什么？

3. 注册会计师针对保持客户关系和具体审计业务实施质量控制程序应考虑哪些事项？

4. 注册会计师开展初步业务活动的目的是什么？

5. 什么是审计业务约定书？对其应从哪些方面理解？

6. 审计业务约定书包括哪些内容？

五、实务题

1. W 公司会计师事务所接受委托，对甲公司 2013 年度财务报表进行审计，并委派 A 注册会计师为项目负责人。在接受委托后，A 注册会计师发现甲公司业务流程采用计算机信息系统控制，审计项目组成员均缺少这方面的专业技能。A 注册会计师了解到某软件公司张先生曾参与甲公司计算机信息系统的设计工作，因此聘请张先生

加入审计项目组，测试该系统并出具测试报告。

要求：指出 ABC 会计师事务所在初步业务活动中存在的问题，并简要说明理由。

2. ABC 会计师事务所于 2013 年 5 月取得证券期货相关业务审计资格。为了尽快开展上市公司审计业务，2012 年 9 月 ABC 会计师事务所从 XYZ 会计师事务所招聘 A 注册会计师担任上市公司审计部经理。A 注册会计师将 XYZ 会计师事务所的上市公司审计客户——甲公司带入 ABC 会计师事务所。在对甲公司 2013 年度财务报表审计时，ABC 会计师事务所委派 A 注册会计师继续担任项目负责人。在计划审计工作时，由于专业人员不足，A 注册会计师认为，自己过去五年一直担任甲公司的审计项目负责人和签字注册会计师，非常熟悉甲公司情况，因此要求项目组不再了解被审计单位及其环境，直接实施进一步审计程序。

要求：指出 ABC 会计师事务所在业务承接方面存在的问题，并简要说明理由。

第4章

计划审计工作

学习目的与要求

本章主要学习重要性、审计风险、审计计划等问题，这些问题都是审计理论体系中的重要问题。通过本章的学习，要明确计划的重要性水平应考虑的因素，掌握重要性水平的确定方法；了解重大错报风险和检查风险以及它们两者之间的关系；了解总体审计策略和具体审计计划的内容；掌握总体审计策略和具体审计计划的编制方法，从而为进一步学习后续内容打下良好的基础。

重点、难点解析

一、重点解析

本章学习的重点是重要性水平的确定。

同学们应注意的是在确定重要性水平时，应从性质和数量两个方面来考虑。

（一）从性质方面考虑重要性

在某些情况下，金额相对较小的错报可能会对财务报表产生重大影响。例如，一项不重大的违法支出或者没有遵循某项法律规定，但该支付或违法行为可能导致一项重大的或有负债、重大的资产损失或者收入损失，就认为上述事项是重大的。

（二）从数量方面考虑重要性

此处重点介绍财务报表整体的重要性。从数量方面考虑重要性需要运用职业判断。注册会计师通常先选定一个基准，再乘以某一百分比作为财务报表整体的重要性。

注册会计师在选择基准时，需要考虑的因素包括：

1. 财务报表要素（如资产、负债、所有者权益、收入和费用）。

2. 是否存在特定会计主体的财务报表使用者特别关注的项目（如为了评价财务业绩，使用者可能更关注利润、收入或净资产）。

3. 被审计单位的性质、所处的生命周期阶段以及所处行业和经济环境。

4. 被审计单位的所有权结构和融资方式（例如，如果被审计单位仅通过债务而非权益进行融资，财务报表使用者可能更关注资产及资产的索偿权，而非被审计单位的收益）。

5. 基准的相对波动性。为选定的基准确定百分比需要运用职业判断。百分比和选定的基准之间存在一定的联系，如经常性业务的税前利润对应的百分比通常比营业收入对应的百分比要高。例如，对以营利为目的的制造行业实体，注册会计师可能认为经常性业务的税前利润的5%是适当的；而对非营利组织，注册会计师可能认为总收入或费用总额的1%是适当的。百分比无论是高一些还是低一些，只要符合具体情况，都是适当的。

二、难点解析

本章学习的难点是重要性的含义。同学们在学习时应注意把握以下三点：

1. 如果合理预期错报（包括漏报）单独或汇总起来可能影响财务报表使用者依据财务报表作出的经济决策，则通常认为错报是重大的。

重要性概念是从财务报表使用者的角度来考虑的，因为财务报表是为了满足财务报表使用者的信息需求而编制的。财务报表的使用者包括企业的投资者、债权人、政府和社会公众等，他们需要利用财务报表提供的信息作出各种经济决策。如果错报足以改变或影响财务报表使用者的判断，则该项错报是重要的，否则就是不重要的。

2. 对重要性的判断是根据具体环境作出的，并受错报的金额或性质的影响，或受两者共同作用的影响。

对重要性的评估需要运用职业判断。影响重要性的因素很多，需要注册会计师综合考虑，以便合理确定重要性水平。

对重要性的判断离不开特定的环境，不同的被审计单位面临不同的环境，因而判断重要性的标准也不相同。例如，某一金额对某个被审计单位的财务报表来说是重要的，而对另一个被审计单位的财务报表来说则可能不重要。例如，错报10万元对一个小公司来说可能是重要的，而对另一个大公司来说则可能不重要。

对重要性的判断应从金额和性质两个方面来考虑。一般而言，金额大的错报比金额小的错报更重要。在有些情况下，某些金额的错报从数量上看并不重要，但从性质上考虑，则可能是重要的。

3. 判断某事项对财务报表使用者是否重大，是在考虑财务报表使用者整体共同的财务信息需求的基础上作出的。由于不同财务报表使用者对财务信息的需求可能差异很大，因此不考虑错报对个别财务报表使用者可能产生的影响。

思考与练习

一、判断题

1. 计划审计工作包括针对审计业务制定总体审计策略和具体审计计划，以将审计风险降至可接受的低水平。（ ）

2. 重要性概念是针对财务报表编制者的信息需求而言的。（ ）

3. 重要性与审计风险之间存在正向关系。重要性水平越高，审计风险越高；重要性水平越低，审计风险越低。（ ）

4. 计划审计工作是一个持续的、不断修正的过程，贯穿于整个审计业务的始终。（ ）

5. 如果财务报表中的某项错报足以改变或影响财务报表使用者的决策，则该项错报就是重要的，否则就不重要。（ ）

6. 审计人员应当选择各财务报表中最高的重要性水平作为财务报表层次的重要性水平。 （ ）

7. 对于出现错报可能性较大的账户或交易，可以将重要性水平确定得高一些，以节省审计成本。 （ ）

8. 在某些情况下，金额相对较小的错报可能会对财务报表产生重大影响。 （ ）

9. 重大错报风险与被审计单位的风险相关，且独立存在于财务报表的审计中。 （ ）

10. 进一步审计程序的总体方案主要是指注册会计师针对各类交易、账户余额和披露决定采用的总体方案（包括实质性方案和综合性方案）。 （ ）

二、单项选择题

1. 下列属于具体审计计划内容的是(　　)。

A. 审计范围

B. 报告目标、时间安排及所需沟通的性质

C. 审计方向　　D. 计划实施的进一步审计程序

2. 财务报表错报是指(　　)。

A. 财务报表金额的错报和财务报表披露的错报

B. 财务报表金额的错报

C. 财务报表披露的错报　　D. 财务报表金额的漏报

3. 审计风险取决于(　　)。

A. 重大错报风险和检查风险　　B. 重大错报风险

C. 检查风险　　D. 经营风险

4. 审计人员在运用重要性原则时，应当考虑(　　)。

A. 财务报表的金额和性质　　B. 错报的金额和性质

C. 账户的金额和性质　　D. 交易的金额和性质

5. 在审计风险的组成要素中，审计人员能够控制的是(　　)。

A. 重大错报风险　　B. 控制风险　　C. 检查风险　　D. 抽样风险

6. 不论重大错报风险的评估结果如何，审计人员都应对各重要账户或交易类别进行(　　)。

A. 详细审计　　B. 抽样审计　　C. 实质性程序　　D. 控制测试

7. 审计人员可接受的审计风险为5%，评估被审计单位的重大错报风险为40%，则检查风险为(　　)。

A. 20%　　B. 70%　　C. 95%　　D. 12.5%

8. 如果资产负债表的重要性水平为10 000元，利润表的重要性水平为15 000元，则在计划审计工作时，注册会计师应确定(　　)为报表层次的重要性水平。

A. 10 000元　　B. 15 000元　　C. 5 000元　　D. 25 000元

9. 编制审计计划时，注册会计师应对重要性水平作出初步判断，以确定(　　)。

A. 所需审计证据的数量　　B. 可容忍误差

C. 初步审计策略　　　　　　　　　　D. 审计意见类型

10. 应收账款年末余额为5 000万元，注册会计师抽查样本发现金额有200万元的高估，高估部分为账面金额的10%。据此，推断误差为(　　)。

A. 200万元　　B. 300万元　　C. 400万元　　D. 500万元

三、多项选择题

1. 在制定总体审计策略时，注册会计师应当考虑的主要事项包括(　　)。

A. 审计范围

B. 报告目标、时间安排及所需沟通的性质

C. 审计方向　　　　　　　　　　D. 审计资源

2. 具体审计计划应当包括的内容有(　　)。

A. 风险评估程序　　　　　　　　B. 计划实施的进一步审计程序

C. 计划其他审计程序　　　　　　D. 审计范围

3. 下列对重要性概念理解正确的有(　　)。

A. 重要性概念中的错报包含漏报

B. 重要性概念是针对财务报表编制者的信息需求而言的

C. 重要性的确定离不开具体环境

D. 对重要性的评估需要运用职业判断

4. 下列指标可以用作确定财务报表层次重要性水平基准的有(　　)。

A. 总资产　　B. 总负债　　C. 销售收入　　D. 净利润

5. 对于特定审计项目而言，审计风险和审计证据的关系可以表述为(　　)。

A. 期望的审计风险越低，所需的审计证据的数量就越多

B. 评估的重大错报风险越低，所需的审计证据的数量就越少

C. 评估的重大错报风险越高，所需的审计证据的数量就越多

D. 要求的检查风险越高，所需的审计证据的数量就越多

6. 在审计过程中，注册会计师应当合理运用重要性原则的情况有(　　)。

A. 确定是否接受委托　　　　　　B. 评价审计结果

C. 执行审计程序　　　　　　　　D. 确定审计程序的性质、时间和范围

7. 总体审计策略的作用有(　　)。

A. 用以确定审计范围、时间安排和方向

B. 指导制订具体审计计划

C. 计划风险评估程序

D. 计划实施的进一步审计程序

8. 下列关于重要性的说法中，正确的有(　　)。

A. 无论是笔误还是舞弊，金额小于重要性水平时均不重要

B. 恰当运用重要性水平有助于提高审计效率和保证审计质量

C. 重要性有数量和性质两个方面的特征

D. 注册会计师应从财务报表层次和认定层次来考虑重要性

四、简答题

1. 你是如何理解审计重要性的？
2. 注册会计师为确定重要性水平，选择基准时需要考虑哪些因素？
3. 什么是错报？一般将它区分为哪三种？
4. 什么是审计风险？它包括哪些组成要素？
5. 注册会计师在制定总体审计策略时一般应考虑哪些主要事项？
6. 具体审计计划一般包括哪些内容？

五、实务题

1. 注册会计师王英在ABC公司审计的计划阶段初步确定财务报表层次的重要性水平为160万元。在报告阶段，对财务报表层次的重要性水平进行最终评估，确定为180万元。此后，注册会计师王英已将在审计过程中已发现、但被审计单位尚未更正的错报数进行了汇总，得到了汇总数，但被审计单位拒绝对此加以更正。

要求：

（1）注册会计师王英应将重要性水平最终确定为多少？此时，注册会计师王英是否需要重新评估所执行的审计程序的充分性？为什么？

（2）若汇总数在170万元至190万元之间，注册会计师王英能否据此确定审计意见的类型？为什么？

（3）分别考虑汇总数为170万元和190万元的两种情形，注册会计师王英是否继续实施审计程序？如应继续实施审计，王英应扩大实质性程序的范围，还是应追加实质性程序？

2. 注册会计师张梅对ABC公司2013年度财务报表进行审计，其未经审计的有关财务报表项目金额见表4-1。

表4-1　**未经审计的有关财务报表项目金额**　单位：万元

财务报表项目名称	金额
资产总计	180 000
股东权益合计	88 000
主营业务收入	240 000
利润总额	36 000
净利润	24 120

要求：如果以资产总额、净资产（股东权益）、主营业务收入和净利润作为判断基础，采用固定比率法，并假定资产总额、净资产、主营业务收入和净利润的固定百分比数值分别为0.5%、1%、0.5%和5%，请你代注册会计师张梅计算确定ABC公司2013年度财务报表层次的重要性水平。

第5章

实施风险评估程序

学习目的与要求

风险评估程序是为了解被审计单位及其环境而实施的程序。通过本章学习，旨在对风险评估程序的内容和方法有一个全面的认识。理解被审计单位及其环境的内容，明确内部控制的含义和要素，结合被审计单位的实际情况，掌握对重要交易流程的内部控制了解和记录的方法，要能够运用文字表述法、调查表法和流程图法，对内部控制作出描述和评价。掌握识别和评估重大错报风险的方法，要能够识别财务报表层次和认定层次的重大错报风险。

重点、难点解析

一、重点解析

本章教学重点是被审计单位内部控制的要素。下面就被审计单位内部控制的要素进行解析。

内部控制的要素包括控制环境、风险评估过程、信息系统与沟通、控制活动和对控制的监督。这些要素及其构成方式，决定着内部控制的内容与形式。控制环境包括治理职能和管理职能，以及治理层和管理层对内部控制及其重要性的态度、认识和措施。控制环境提供企业纪律与架构，塑造企业文化，并影响企业员工的控制意识，是所有其他内部控制组成要素的基础。风险评估过程就是分析和辨认实现所定目标可能发生的风险以及针对这些风险所采取的措施。信息系统与沟通是收集与交换被审计单位执行、管理和控制业务活动所需信息的过程，企业在其经营过程中，需按某种形式辨识、取得确切的信息，并进行沟通，以使员工能够履行其责任。信息系统不仅处理企业内部所产生的信息，同时也处理与外部的事项、活动及环境等有关的信息。控制活动是指有助于确保管理层的指令得以执行的政策和程序，包括授权、业绩评价、信息处理、实物控制和职责分离等相关的活动，这些政策和程序涉及整个企业的各个阶层与各个职能部门，控制对象包括人、财、物、产、供、销等方面。注册会计师应当了解被审计单位有关的控制活动。对控制的监督是指被审计单位评价内部控制在一段时间内运行有效性的过程，该过程包括及时评价控制的设计和运行，以及根据情况的变化采取必要的纠正措施。内部控制系统需要被监控，应由适当的人员及时评估控制的设计和运作情况。

二、难点解析

本章的教学难点是评估重大错报风险的方法。下面就对评估重大错报风险的方法进行解析。

评估重大错报风险是风险评估阶段的最后一个步骤，评估结果将作为确定进一步审计程序的性质、时间和范围的基础，以应对识别的风险。评估重大错报风险的审计程序包括：在了解被审计单位及其环境的整个过程中识别风险，并考虑各类交易、账户余额、列报；将识别的风险与认定层次可能发生错报的领域相联系；考虑识别的风险是否重大；考虑识别的风险导致财务报表发生重大错报的可能性。在对重大错报风险进行识别和评估后，注册会计师应当确定，识别的重大错报风险是与特定的某类交易、账户余额、列报的认定相关，还是与财务报表整体广泛相关，从而确定是属于财务报表层次的重大错报风险还是属于认定层次的重大错报风险。

财务报表层次重大错报风险与财务报表整体存在广泛联系，它可能影响多项认定。例如，在经济不稳定的国家和地区开展业务、重要客户流失、融资能力受到限制等，可能导致注册会计师对被审计单位的持续经营能力产生重大疑虑，这些风险与财务报表整体相关。认定层次的重大错报风险可能与特定的某类交易、账户余额、列报的认定相关。例如，被审计单位存在复杂的联营或合资，这一事项表明“长期股权投资”账户的认定可能存在重大错报风险。又如，被审计单位存在重大的关联方交易，该事项表明关联方及关联方交易的披露认定可能存在重大错报风险。注册会计师应当评估认定层次的重大错报风险，并根据既定的审计风险水平和评估的认定层次重大错报风险确定可接受的检查风险水平。

思考与练习

一、判断题

1. 健全严密的内部控制可以防止任何差错和舞弊。（ ）

2. 执行小规模企业财务报表审计时，注册会计师无须了解相关内部控制。（ ）

3. 职责划分的内容既包括不相容职务在组织机构之间的分离，也包括不相容职务在组织机构内部的分离。（ ）

4. 内部控制的控制点设置得越多越好。（ ）

5. 为了解被审计单位及其环境而实施的程序称为“风险评估程序”。注册会计师应当依据实施这些程序所获取的信息，评估重大错报风险。（ ）

6. 了解被审计单位及其环境是必要程序，是一个连续和动态地收集、更新与分析信息的过程，贯穿于整个审计过程的始终。（ ）

7. 内部控制的某些要素更多地对被审计单位整体层面产生影响，而其他要素则更多地与特定业务流程相关。在实务中，注册会计师往往从被审计单位整体层面和业务流程层面分别了解和评价被审计单位的内部控制。（ ）

8. 控制与认定直接或间接相关；控制与认定关系越间接，控制对防止或发现并纠正认定错报中的作用越大。（ ）

9. 决策时人为判断可能出现错误，由于人为失误会导致内部控制失效。（ ）

10. 可能由于两个或更多的人员进行串通或管理层凌驾于内部控制之上而使内部控制被规避。（　　）

二、单项选择题

1. 保管某项财产物资的职务和该项财产物资的记录职务应予分离属于(　　)。

A. 财产管理控制　　B. 授权批准控制

C. 职务分离控制　　D. 内部审计控制

2. 对访问计算机程序和数据文件设置授权，以及定期盘点并将盘点记录与会计记录相核对属于(　　)。

A. 实物控制　　B. 授权批准控制

C. 职务分离控制　　D. 组织机构控制

3. 为了克服制度基础审计的局限性，审计界正在形成的一种新的审计模式是(　　)。

A. 业务基础审计　　B. 风险基础审计

C. 账目基础审计　　D. 判断抽样审计

4. 内部控制的控制环境不包括(　　)。

A. 组织结构　　B. 职权与责任的分配

C. 交易授权　　D. 人力资源政策与实务

5. 诚信和道德价值观念是(　　)的重要组成部分。

A. 控制环境　　B. 控制活动

C. 信息系统与沟通　　D. 对控制的监督

6. (　　)是通过追踪交易在财务报告信息系统中的处理过程，来证实注册会计师对控制的了解、评价控制设计的有效性以及确定控制是否得到有效执行的方法。

A. 穿行测试　　B. 观察　　C. 重新执行　　D. 检查

7. 注册会计师对商品实际发货数量与开票数量进行定期核对调节的程序本身就足以对销售流程中“存在性”这一目标提供合理保证，并且也能对销售流程中(　　)这一目标提供合理保证。

A. 计价　　B. 准确性　　C. 可理解性　　D. 完整性

三、多项选择题

1. 一般来说，描述内部控制的方法有(　　)。

A. 文字表述法　　B. 实验法　　C. 调查表法

D. 观察法　　E. 流程图法

2. 在编制审计计划时，应当了解被审计单位的内部控制。了解重要内部控制时，应实施的程序通常包括(　　)。

A. 询问被审计单位的有关人员，并查阅相关内部控制文件

B. 检查被审计单位内部控制生成的文件和记录

C. 选择被审计单位若干具有代表性的交易和事项进行穿行测试

D. 观察被审计单位的业务活动和内部控制的运行情况

3. 内部控制的要素包括(　　)。

A. 控制环境　　B. 风险评估过程　　C. 信息系统与沟通
D. 控制活动　　E. 对控制的监督

4. 下列各项中属于描述内部控制的有(　　)。
A. 编写销售业务文字表述书　　B. 编制应收账款明细表
C. 编制应付账款明细表　　D. 绘制固定资产内部控制流程图

5. 下列职务中，不属于不相容职务的是(　　)。
A. 授权业务与执行业务　　B. 记录业务与审核业务
C. 记录资产与保管资产　　C. 授权业务与审核业务

6. 制造业企业的内部控制通常划分为(　　)。
A. 销售与收款循环　　B. 采购与付款循环
C. 生产与存货循环　　D. 投资与筹资循环
E. 人力资源与工薪循环

7. 企业设计和实施各项内部控制的责任主体是(　　)和其他人员，组织中的每个人都对内部控制负有责任。
A. 治理层　　B. 注册会计师　　C. 管理层　　D. 政府部门

8. 注册会计师通常实施(　　)等风险评估程序，以了解被审计单位的内部控制。
A. 询问　　B. 观察　　C. 检查　　D. 穿行测试

四、简答题

1. 风险评估的作用有哪些？
2. 风险评估的程序有哪些？
3. 了解被审计单位及其环境的内容包括哪些方面？
4. 被审计单位所处的法律环境及监管环境有哪些方面？
5. 内部控制的要素有哪些？
6. 控制环境的内容有哪些？
7. 制造业企业的内部控制通常可以划分为哪些业务循环？
8. 文字表述法、调查表法、流程图法各自有何优、缺点？
9. 注册会计师识别和评估重大错报风险的审计程序有哪些？

五、实务题

1. 甲公司下属乙分公司拟建设一项冷冻仓储工程。2013 年 2 月 9 日，乙分公司会议决定建设冷冻仓储项目，并表示由于时间紧迫，一边向甲公司总部报批，一边进行建设。2013 年 2 月 10 日乙分公司委托工程设计单位，3 月 2 日通过邀请招标方式确定了施工单位，4 月 9 日取得甲公司总部的立项批准，9 月 30 日工程完工，总投资 2 000 万元。2014 年 2 月，甲公司总部在内部审计时发现：

(1) 立项未批准即开展设计和招标，不符合公司制度规定；

(2) 工程总投资达到 2 000 万元，按照公司招标制度的规定，应当进行公开招标。

甲公司总部商议后认为乙分公司近年来经营情况较好，该项目也符合公司发展需要，未追究相关人员责任。

要求：分析该公司内部控制存在的缺陷。

2. 胜利软件公司一直从事小型办公自动化软件系统的开发，随着公司规模的扩大，公司股东想向其他领域发展。由于公司创始人原来从事金融行业，认为开发该行业软件发展前途大，利润高，于是软件公司选择金融行业作为未来实施跨越的方向。

为了实现这一战略目标，公司将原来的研发人员一分为二，一部分仍然继续从事小型企业软件的开发，另一部分成立项目组，针对银行和证券公司研发大型办公自动化软件。由于研发人员都是原先开发团队成员，互相之间较为熟悉，且公司要求时间紧，费用投入大，项目成立后立刻进行分工开发。

随着开发过程的深入，出现的问题越来越多，研发人员水平不够、项目经费开支过大、技术难题解决缓慢，而且同类软件已经在市场上出现，整个项目面临失败的风险。

要求：分析该公司研发项目的风险及内部控制存在的缺陷。

3. 张明注册会计师是甲公司 2013 年度财务报表审计业务的项目合伙人。在制订具体审计计划时，张明需要了解甲公司的内部控制，以评估重大错报风险。相关情况如下：

（1）在了解保护原材料安全完整的内部控制后，没有了解甲公司管理层重点推荐的防止浪费原材料的内部控制。

（2）了解到甲公司赊销审批环节的内部控制存在重大设计缺陷后，决定不对该环节实施穿行测试。

（3）为了解甲公司业务流程层面的检查性控制，按职员级别从低到高的顺序向若干不同级别的职员进行了询问。

（4）为证实内部控制的执行效果，实施的控制测试以重新执行程序为主，并辅之以询问、观察和检查程序。

要求：逐一针对上述情况，指出张明注册会计师在了解内部控制、评估重大错报风险时是否存在不当之处，简要说明理由，并提出改进建议。

4. 甲公司从事小型机电产品的生产和销售，主要原材料均在国内采购，产品主要自营出口到美国。A 和 B 注册会计师负责审计甲公司 2013 年度财务报表。A 和 B 注册会计师在审计工作底稿中记录了所了解的甲公司情况及其环境，部分内容摘录如下：

（1）甲公司产品以美元定价，人民币对美元汇率由 2013 年年初的 6.29：1 升值到 2013 年 6 月的 6.18：1，之后基本保持稳定。甲公司产品销售自 2012 年年初至 2013 年 9 月基本稳定。2013 年 10 月起，受金融危机影响，甲公司的出口订单和销售收入均出现较大幅度减少，2013 年第 4 季度与前 3 个季度相比，主要产品平均销售下降了约 6%，但甲公司 2013 年未审计财务报表显示其依然完成了 75 000 万元收入和 8 300 万元毛利的经营目标。

（2）2012 年年初至 2013 年 8 月，甲公司主要原材料采购价格基本稳定。2013 年 9 月至 10 月，主要原材料价格平均下跌了约 5%。甲公司预计主要原材料在 2013 年年底前很可能止跌回升，因此在 2013 年 9 月至 10 月进行大量采购，以满足 2014 年 2

月底前的生产需求，但 2013 年 10 月之后，相关原材料市场价格实际上继续下跌。

（3）2013 年 12 月，甲公司决定淘汰一批账面价值为 98 万元的旧检验设备，并与受让方签订了不可撤销的转让协议，转让价格为 15 万元。2014 年 1 月，甲公司向受让方移交该批检验设备，并收讫转让款。

（4）根据甲公司与丙银行签订的贷款框架协议，丙银行自 2013 年 1 月至 2014 年 1 月向甲公司提供累计金额不超过 30 000 万元的流动资金贷款额度。2014 年 1 月，丙银行终止与甲公司的贷款协议。甲公司正在寻求维持日常经营活动所需的资金来源，但尚未取得实质性进展。

要求：针对上述资料，请逐项指出资料所列事项是否可能表明存在重大错报风险。如果认为存在，请简要说明理由，并分别说明该风险是属于财务报表层次还是认定层次。

第6章

实施进一步审计程序

学习目的与要求

本章主要学习进一步审计程序、获取审计证据的基本审计方法、审计证据、审计工作底稿和审计抽样五方面内容。通过本章的学习，要明确进一步审计程序的内容，使学生能在风险评估的基础上设计进一步审计程序，制定总体审计策略和具体审计计划；要熟悉获取审计证据的基本审计方法，初步了解和掌握审计抽样方法，并能够运用这些方法解决审计实务；要掌握审计证据的种类，熟悉审计证据收集、整理的基本理论和基本方法，掌握作为充分有效的审计证据应具有的基本特征；要熟悉形成审计工作底稿格式、内容和范围应考虑的因素，掌握编制审计工作底稿应包括的要素，掌握审计工作底稿的复核制度及审计工作底稿的归档等相关问题。

重点、难点解析

一、重点解析

重点问题主要有进一步审计程序、审计证据和审计工作底稿。

注册会计师应针对评估的认定层次重大错报风险设计和实施进一步审计程序，包括审计程序的性质、时间和范围。进一步审计程序是指注册会计师针对评估的各类交易、账户余额、列报认定层次重大错报风险实施的审计程序，包括控制测试和实质性程序。注册会计师设计和实施的进一步审计程序的性质、时间和范围，应当与评估的认定层次重大错报风险具有明确的对应关系，恰当选用实质性方案或综合性方案。无论选择何种方案，注册会计师都应当对所有重大的各类交易、账户余额、列报设计和实施实质性程序。

在审计实务中，不同审计程序可提供不同的审计证据，而不同的审计证据可用来证实不同的报表认定。审计证据按其外形特征可分为实物证据、书面证据、口头证据和环境证据四大类。充分性和适当性是审计证据的两个重要特征，两者缺一不可，只有充分且适当的审计证据才是有证明力的。审计人员不应将获取审计证据的成本高低和难易程度作为减少不可替代的审计程序的理由。

审计人员编制审计工作底稿的总体要求是：应当使得未曾接触该项审计工作的有经验的专业人士清楚地了解：按照审计准则的规定实施的审计程序的性质、时间和范围；实施审计程序的结果和获取的审计证据；就重大事项得出的审计结论。审计人员编制的审计工作底稿，应当内容完整、格式规范、标志一致、记录清晰、结论明确。审计工作底稿的所有权属于承接该项业务的会计师事务所。会计师事务所对审计工作底稿应当实施适当的质量控制。审计工作底稿经过分类整理、汇集归档后，就形成了审计档案。审计档案是会计师事务所审计工作的重要历史资料，应妥善保管。

二、难点解析

本章的教学难点是：审计抽样样本规模的确定、审计抽样方法在控制测试和实质性程序细节测试中的运用。

审计抽样按照审计抽样决策的依据不同分为统计抽样和非统计抽样。统计抽样是运用概率论原理，遵循随机原则，从被查总体中抽取样本进行审查，进而根据样本审查结果推断总体特征的一种方法。统计抽样科学地确定了抽样规模，确定了适度的样本量，而且采用了随机抽取样本的方法，样本代表性强，加之于通过计算把抽样误差控制在预先给定的范围，减少了审计风险，因此统计抽样比其他抽样更为科学，是审计方法的一大革命。

我们说，审计证据的充分性和适当性直接关系到证据证明力的强弱，而这个充分性和适当性与确定样本规模有着密切的关系。因此，恰当地确定样本单位数量是审计抽样中一个至关重要的问题。确定样本规模取决于预期总体误差率、可容忍误差和可信赖程度这三个因素。

控制测试中的审计抽样，通常被称作属性抽样。属性抽样用于检查内部控制制度情况。它是通过对样本检查的结果，推断总体中某些特征或属性发生的频率或次数，借以评价客户的内部控制是否值得信赖并为实质性程序提供依据。属性抽样主要有属性估计抽样和发现抽样两种方法。在细节测试中的审计抽样，通常被称作变量抽样。它是通过对样本检查的结果，推断总体货币金额的统计抽样方法。在进行实质性程序中的细节测试时，通常采用传统变量抽样和概率比例规模抽样法（简称 PPS 抽样）。

思考与练习

一、判断题

1. 注册会计师应针对评估的认定层次重大错报风险确定总体审计策略。（ ）

2. 注册会计师应当针对实施风险评估程序的结果和控制测试的结果，计划和实施实质性程序。（ ）

3. 进一步审计程序的时间是指注册会计师何时实施进一步审计程序，或审计证据适用的期间或时点。（ ）

4. 注册会计师应当针对评估的财务报表层次的重大错报风险设计和实施进一步审计程序。（ ）

5. 注册会计师评估的重大错报风险越高，实施实质性程序的范围越广。（ ）

6. 注册会计师如果对控制测试的结果不满意，应当考虑扩大实质性程序的范围。（ ）

7. 无论是顺查还是逆查，都要运用审阅法和核对法。（ ）

8. 在财经法纪审计中，对现金和贵重的财产物资应采用直接盘存法进行突击性盘点。（ ）

9. 重新计算法主要适用于检查会计记录的合计、小计、差额、积数、商数等是否正确。（　）

10. 抽查法适用于审查规模小、业务少的单位。（　）

11. 相对于细节测试而言，实质性分析程序能够达到的精确度可能受到种种限制，所提供的证据在很大程度上是间接证据，证明力相对较弱。（　）

12. 消极式函证适用于内部控制差、会计核算质量差、金额重要、疑点多等情况。（　）

13. 在运用观察法时，相关人员已知被观察时，所从事活动或执行程序可能与日常的做法不同，但不会影响注册会计师对真实情况的了解。（　）

14. 实物证据不能完全证实实物资产归属被审计单位，也不能完全证实实物资产价值的正确性。（　）

15. 审计人员为证明某一事项而自己动手编制的分析表属于内部证据。（　）

16. 客观公正的审计意见必须建立在有足够数量的审计证据基础上，因此，审计证据越多越好。（　）

17. 若被审计单位内部控制设计完善，则所取得的内部证据就比较可靠。（　）

18. 外部证据是由审计人员以外的组织机构或人士所编制的书面证据，一般具有较强的证明力。（　）

19. 口头证据是被审计单位职员对审计人员的提问做口头答复所形成的一种证据。（　）

20. 审计人员可以将直接从被审计单位取得的有关法律文件、合同与章程等作为审计工作底稿。（　）

21. 会计师事务所在任何情况下都不得泄漏审计档案中涉及的商业秘密及有关内容。（　）

22. 审计人员在审计过程中收集的所有资料，均应列示在审计工作底稿中。（　）

23. 会计师事务所应当建立严格的审计工作底稿保密制度，并落实专人管理。（　）

24. 审计标识是审计人员为便于表达审计含义而采用的符号。（　）

25. 可容忍误差越大，所需选取的样本量越大。（　）

26. 系统选样方法要求总体是按一定规律进行排列的。（　）

27. 属性抽样的最终任务是要在一定的可靠程度下，测定和估计总体差错率不超过某个水平。（　）

28. 变量抽样是通过对样本检查的结果，推断总体货币金额的统计抽样方法。（　）

29. 预期总体误差越大，所需的样本量就越多。（　）

30. 风险评估程序实施的范围较为广泛，且所获取的信息具有较强的主观色彩，因此通常不涉及使用审计抽样方法。（　）

31. 统计抽样法有很多优点，并解决了非统计抽样法难以解决的问题，因此统计

抽样的产生意味着非统计抽样法的消亡。（ ）

二、单项选择题

1. 下列各项中属于实质性程序的有（ ）。

A. 编写销售业务文字表述书　B. 绘制固定资产内部控制流程图

C. 编制货币资金内部控制调查表　D. 编制应收账款明细表

2. 控制测试的目的是测试（ ）。

A. 控制的设计　B. 控制是否得到执行

C. 控制的存在　D. 控制运行的有效性

3. 下列各项审计程序，非必须执行的是（ ）。

A. 了解被审计单位的基本情况　B. 控制测试

C. 实质性程序　D. 编写审计报告

4. 注册会计师在对涉及职能分离但未留下交易轨迹的控制程序进行测试时，最可能运用（ ）。

A. 检查　B. 观察　C. 重新执行　D. 调节

5.（ ）是通过追踪交易在财务报告信息系统中的处理过程，来证实注册会计师对控制的了解、评价控制设计的有效性以及确定控制是否得到有效执行的方法。

A. 穿行测试　B. 观察　C. 重新执行　D. 检查

6. 在实际工作中，往往把审阅法与（ ）结合起来加以运用。

A. 观察法　B. 函证法　C. 比较法　D. 核对法

7.（ ）是指审计人员实地观察被审计单位的经营场所、实物资产、有关业务活动、内部控制的执行情况等，以获取审计证据的方法。

A. 函证法　B. 询问法　C. 分析程序　D. 观察法

8. 注册会计师利用被审计单位的银行存款日记账和银行对账单，重新编制银行存款余额调节表，并与被审计单位编制的银行存款余额调节表进行比较，运用的方法是（ ）。

A. 重新执行　B. 分析程序　C. 重新计算　D. 观察法

9.（ ）是指在审查某个项目时，由于被审计单位结账日数据和审计日数据不一致，通过对有关数据进行增减调节，用来证实结账日数据账实是否一致的审计方法。

A. 调节法　B. 顺查法　C. 详查法　D. 核对法

10. 审计人员通过监盘、观察等审计方法，可以获取（ ）。

A. 实物证据　B. 书面证据　C. 口头证据　D. 环境证据

11. 审计证据的相关性是指审计证据应与（ ）相关。

A. 审计目标　B. 审计范围　C. 审计事实　D. 财务报表

12. 审计人员获取书面证据而采取的审计程序是（ ）。

A. 监盘　B. 观察　C. 重新计算　D. 询问

13. 下列证据中，属于外部证据的是（ ）。

A. 被审计单位声明书　B. 被审计单位的会计记录

C. 被审计单位提供的购货发票　　D. 被审计单位提供的销货发票

14. 下列证据中，既属于书面证据，又属于内部证据的是(　　)。

A. 存货盘点表　　B. 材料入库单

C. 应收账款的回函　　D. 审计人员编制的账龄分析表

15. 审计人员为明确被审计单位的会计责任而获取的下列证据中，属于无效的审计证据的是(　　)。

A. 律师声明书　　B. 管理建议书

C. 审计业务约定书　　D. 管理当局声明书

16. 下列各项中，与所需审计证据数量成正比例关系的是(　　)。

A. 可接受的检查风险　　B. 管理当局的可信赖程度

C. 具体审计项目的重要性　　D. 审计人员的审计经验

17. 审计人员获取审计证据时，(　　)不应作为减少必要审计程序的理由。

A. 审计人员数量的多少　　B. 审计效益的高低

C. 审计成本的高低或获取审计证据的难易程度

D. 审计效益的高低或获取审计证据的难易程度

18. 审计风险与审计证据的数量关系是(　　)。

A. 审计人员对重大错报风险估计的水平越高，所需证据数量越多

B. 审计人员对重大错报风险估计的水平越高，所需证据数量越少

C. 审计人员对检查风险估计的水平越高，所需证据数量越多

D. 以上都不对

19. 审计工作底稿的所有权属于(　　)。

A. 被审计单位财务部门　　B. 被审计单位董事会

C. 执行该项目的会计师事务所　　D. 负责该项目的项目经理

20. 下列各项中属于永久性档案的是(　　)。

A. 被审计单位的组织结构　　B. 审计报告

C. 有关控制测试工作底稿　　D. 有关实质性测试工作底稿

21. 下列各项中属于当期档案的是(　　)。

A. 审计业务约定书原件　　B. 有关设立、经营等文件的复印件

C. 验资报告　　D. 管理建议书

22. 审计工作底稿的归档期限为(　　)。

A. 审计报告日后的60天内　　B. 审计报告日后的30天内

C. 审计业务中止后的30天内　　D. 财务报表日后的60天内

23. 在统计抽样中，若其他条件不变，可信赖程度与样本量(　　)。

A. 成正比例关系　　B. 成反比例关系

C. 有时成正比例关系，有时则成反比例关系

D. 两者没有关联

24. 审计人员在进行细节测试时，应关注的抽样风险是(　　)。

A. 信赖不足风险　　B. 信赖过度风险

C. 误受风险　　　　　　　　　　D. 非抽样风险

25. (　　)是一种用来对总体中某一事件发生率得出结论的统计抽样方法。其在审计中最常见的用途是测试某一设定控制的偏差率，以支持注册会计师评估的控制有效性。

A. 属性抽样　　B. 变量抽样　　C. 任意抽样　　D. 判断抽样

26. 如果样本的可靠程度为95%，则样本的风险度为(　　)。

A. 95%　　B. 100%　　C. 5%　　D. 90%

27. 统计抽样和非统计抽样相比，统计抽样的优点在于(　　)。

A. 它能充分利用审计人员的经验和判断力

B. 它所需要的样本量比较少，因而可以提高审计效率

C. 它适用于会计资料比较齐全或总体较大的企业

D. 它可以根据样本分布的规律计算抽样误差的范围，并通过调整样本量来控制抽样误差和风险

28. (　　)是指审计人员采用不恰当的审计程序或方法，或因误解审计证据等而未能发现重大误差的可能性。

A. 非抽样风险　　B. 抽样风险　　C. 信赖不足风险　　D. 误拒风险

29. (　　)是通过检查确定样本的平均值，再根据样本平均值推断总体的平均值和总值的方法。

A. 均值估计抽样　　B. 比率估计抽样　　C. 差额估计抽样　　D. 发现抽样

30. (　　)主要用于对审查项目正确值与账面值随项目变化并大致成比例变化的总体审查。

A. 发现抽样　　B. 差额估计抽样　　C. 均值估计抽样　　D. 比率估计抽样

31. (　　)是指审计人员不带任何偏见地选取样本，即不考虑样本项目的性质、金额大小、位置、外观或其他特征而选取总体项目。

A. 系统选样　　　　　　　　　　B. 随意选样

C. 随机选样　　　　　　　　　　D. 单位均值估计抽样

32. (　　)的高低与抽取样本的多少成反比例的关系。

A. 可靠程度　　B. 可容忍误差　　C. 预计总体误差　　D. 抽样误差

33. 如果显示控制有效运行的特征留下了书面证据，即控制的运行留下了轨迹，审计人员通常在控制测试中(　　)运用审计抽样方法。

A. 可以　　B. 不可以　　C. 有时可以　　D. 以上均不正确

三、多项选择题

1. 在实务中，注册会计师可以通过(　　)方式提高审计程序的不可预见性。

A. 对某些未测试过的低于设定的重要性水平的账户余额和认定实施实质性程序

B. 调整实施审计程序的时间

C. 采取不同的审计抽样方法

D. 选取不同的地点实施审计程序

2. 控制测试的时间包含的含义有(　　)。

A. 控制测试所花费的时间

B. 控制测试在审计程序中所处的时间

C. 何时实施控制测试

D. 测试所针对的控制适用的时点或期间

3. 如果控制环境存在缺陷，注册会计师在对拟实施审计程序的性质、时间和范围作出总体修改时应当考虑的因素有(　　)。

A. 在期中而非期末实施更多的审计程序

B. 主要依赖控制测试获取审计证据

C. 修改审计程序的性质，获取更具说服力的审计证据

D. 扩大审计程序的范围

4. 进一步审计程序的目的包括(　　)。

A. 通过实施控制测试以确定内部控制运行的有效性

B. 通过实施实质性程序以确定内部控制运行的有效性

C. 通过实施控制测试以发现认定层次的重大错报

D. 通过实施实质性程序以发现认定层次的重大错报

5. 在确定进一步审计程序的范围时，注册会计师应当考虑的因素包括(　　)。

A. 确定的重要性水平　　B. 评估的重大错报风险

C. 计划获取的保证程度　　D. 控制的有效性

6. 下列属于证实客观事物的审计方法有(　　)。

A. 询问及函证法　　B. 检查有形资产法

C. 观察法　　D. 审阅法

7. 采用核对法，核对的主要内容包括(　　)。

A. 证证核对　　B. 账证核对　　C. 账实核对　　D. 账账核对

8. 审查书面资料的方法按审查书面资料所涉及的数量可分为(　　)。

A. 逆查法　　B. 详查法　　C. 抽查法　　D. 顺查法　　E. 分析法

9. 审查书面资料的审查对象主要是(　　)。

A. 经营方针　　B. 会计凭证　　C. 经济政策　　D. 会计账簿　　E. 财务报表

10. 调节法常用于以下(　　)方面。

A. 对未达账项的调节　　B. 实物性能、质量、价值的鉴定

C. 对财产物资的调节　　D. 企业内部控制的执行情况

11. 观察法是指审计人员实地观察被审计单位的(　　)，以获取审计证据。

A. 实物资产　　B. 经营场所

C. 有关业务活动　　D. 内部控制的执行情况

12. 审计证据按相互关系可分为(　　)。

A. 基本证据　　B. 佐证证据　　C. 矛盾证据　　D. 直接证据

13. 在存在(　　)情况下，审计人员需要收集更多的审计证据。

A. 重要的审计项目　　B. 控制风险较高

C. 审计过程中发现存在错误行为　　D. 审计证据的相关与可靠程度较低

14. 下列各项中属于环境证据的有(　　)。

A. 企业内部控制情况　　B. 被审计单位管理人员的素质

C. 被审计单位各种管理条件和管理水平　　D. 被审计单位管理当局的声明书

15. 审计人员判断审计证据是否充分、适当，应考虑的主要因素有(　　)。

A. 审计的成本与效益　　B. 审计项目的重要性

C. 审计人员的审计经验　　D. 审计证据的类型

16. 审计人员对审计证据进行分析整理时，应重点注意以下事项中的(　　)。

A. 审计证据的相关性　　B. 排除伪证

C. 对证据进行适当分类　　D. 分清事实的现象与本质

17. 下列各项中属于永久性档案的有(　　)。

A. 被审计单位背景资料　　B. 审计完成阶段工作底稿

C. 法律事项资料　　D. 审计计划阶段工作底稿

18. 项目组内部复核的内容包括(　　)。

A. 审计程序的目标是否实现　　B. 获取的审计证据是否充分、适当

C. 重大事项是否已提请进一步考虑

D. 审计工作是否已按照法律法规、职业道德规范和审计准则的规定执行

19. 项目质量控制复核与项目组内部复核在内容和目的等方面具有一定的相似性，但也存在(　　)的区别。

A. 复核主体不同　　B. 复核对象不同

C. 复核要求不同　　D. 复核范围不同

20. 下列各项中属于当期档案的有(　　)。

A. 总体审计策略和具体审计计划　　B. 预备会会议纪要

C. 与治理层的沟通和报告　　D. 审计工作完成核对表

21. 确定审计工作底稿的格式、内容和范围时应考虑的因素包括(　　)。

A. 实施审计程序的性质　　B. 已识别的重大错报风险

C. 已获取审计证据的重要程度　　D. 已识别的例外事项的性质和范围

22. 审计工作底稿复核的要求是(　　)。

A. 做好复核记录　　B. 书面表示复核意见

C. 复核人签名和签署日期，以划清审计责任

D. 督促编制人及时修改和完善审计工作底稿

23. 项目质量控制复核的范围具体包括(　　)。

A. 项目组作出的重大判断　　B. 项目组准备审计报告时得出的结论

C. 审计程序的目标是否实现

D. 是否需要修改已执行审计工作的性质、时间和范围

24. 审计工作底稿的保存年限是(　　)。

A. 自审计报告日起至少保存 10 年　　B. 自审计业务中止日起至少保存 10 年

C. 自审计报告日起至少保存 20 年　　D. 自审计业务中止日起至少保存 20 年

25. 在归档期内，注册会计师可以针对以下事务性工作中的(　　)，对审计工作

底稿作出变动。

A. 删除或废弃被取代的审计工作底稿

B. 对审计工作底稿进行分类、整理和交叉索引

C. 对审计档案归整工作的完成核对表签字认可

D. 修改或增加审计工作底稿的具体理由

26. 审计人员在确定审计对象总体时，应保证其(　　)。

A. 相关性　　B. 完整性　　C. 充分性　　D. 适当性

27. (　　)属于保守型风险，一般会导致审计人员执行额外的审计程序，降低审计效率。

A. 信赖不足风险　　B. 信赖过度风险　　C. 误拒风险　　D. 误受风险

28. 对总体进行分层时，必须注意(　　)。

A. 总体中的每一个抽样单位必须属于某一个层次，并且只属于这一层次

B. 必须有事先确定的、有形的、具体的差别或标准来明确区分不同的层次

C. 必须能够事先确定每一层次中抽样单位的准确数字

D. 审计人员可以利用分层，着重审计可能存在较大错误的项目，并减少样本量

29. 非抽样风险并非抽样所致，而是因其他因素引起的。其原因主要有(　　)。

A. 人为错误　　B. 运用不符合审计目标的审计程序

C. 错误解释样本结果　　D. 以上均不正确

30. (　　)的高低与抽取样本的多少成正比例的关系。

A. 可靠程度　　B. 可容忍误差　　C. 预计总体误差　　D. 抽样误差

31. 审计人员在实施(　　)风险评估程序时通常不涉及审计抽样。

A. 询问被审计单位管理层　　B. 询问被审计单位内部其他相关人员

C. 分析程序　　D. 观察和检查

四、简答题

1. 针对财务报表层次重大错报风险，注册会计师应采取哪些总体应对措施？
2. 在实务中，注册会计师可以通过哪些方式来提高审计程序的不可预见性？
3. 在确定进一步审计程序的性质时，注册会计师需要考虑哪些因素？
4. 在确定进一步审计程序的范围时，注册会计师应当考虑哪些因素？
5. 注册会计师在确定某项控制的测试范围时通常考虑的因素有哪些？
6. 简述顺查法、逆查法的特征和优、缺点。
7. 在收集审计证据时如何运用询问方法？
8. 函证的方式主要有哪两种？
9. 简述注册会计师实施分析程序的目的。
10. 实物证据、书面证据、口头证据和环境证据分别可实现哪些审计目标？
11. 简述审计证据的充分性与适当性之间的关系。
12. 如何判断审计证据的可靠性？
13. 整理和分析审计证据时，应遵循哪些基本原则？
14. 说明审计工作底稿的基本要素。

15. 如何理解编制审计工作底稿的总体要求？

16. 审计工作底稿归档后能否发生变动？

17. 审计工作底稿的所有权为什么属于会计师事务所？客户能否索回与其内部情况有关的工作底稿？

18. 什么是统计抽样和非统计抽样？各有哪些利弊？

19. 审计人员拟实施的审计程序将对运用审计抽样产生重要影响。为什么说有些审计程序可以使用审计抽样，有些审计程序则不宜使用审计抽样？

20. 样本选取的方法有哪些？各适用于什么情况？

21. 评价抽样结果的一般程序是什么？

22. 简述审计人员如何将审计对象进行分层。

五、实务题

1. 南方公司是恒信会计师事务所的常年审计客户。注册会计师丁颖是南方公司2013年度财务报表审计业务的项目负责人。在应对评估的认定层次的重大错报风险时，丁颖需要设计和实施有针对性的进一步审计程序，包括确定进一步审计程序的性质、时间安排和范围。相关情况如下：

（1）为应对存货存在认定的重大错报风险，注册会计师拟降低对内部控制的信赖，计划实施的进一步审计程序以检查、重新计算、函证等细节测试为主。

（2）考虑赊销审批制度的设计存在重大缺陷，注册会计师决定不测试相关内部控制，直接实施函证程序，并将函证的截止时间提前到财务报表日之前1个月。

（3）了解固定资产内部控制后，注册会计师认为相关内部控制设计合理且得以运行。在随后设计进一步审计程序时，相应缩小了控制测试的样本规模。

（4）由于成本核算采用了高度自动化的内部控制，且已证实相关的控制正在执行，注册会计师决定不再扩大控制测试的范围。

（5）由于评估的销售费用重大错报风险较低，拟在2013年7月份对上半年发生的销售费用实施细节测试，次年2月份对下半年的销售费用实施实质性程序，在此基础上合并形成销售费用项目的审计结论。

（6）为应对营业收入发生认定的特别风险，注册会计师不仅放弃依赖上年通过实质性程序获取的证据，而且大幅降低对上期获取的有关控制有效的审计证据的依赖。

要求：请分别考虑上述每一种情况，指出注册会计师丁颖计划的进一步审计程序的性质、时间安排或范围是否存在不当之处，并简要说明理由。

2. 注册会计师张旭在对南方公司存货项目的相关内部控制进行研究评价之后，发现南方公司存在以下六种可能导致错误的情况：

（1）所有存货都未经认真盘点；

（2）接近资产负债表日前入库的产成品可能已记入“存货”项目，但可能未进行相关会计记录；

（3）由斯通公司代管的A材料可能并不存在；

（4）斯通公司存放于南方公司仓库内的B材料可能已记入南方公司“存货”项目；

（5）存货计价方法已作变更；

（6）南方公司以前年度未曾接受过审计。

要求：

（1）为证实上述情况是否真正导致错误，张旭应当分别执行的最主要的实质性程序是什么？

（2）张旭执行的实质性程序能够实现哪些审计目标？

（3）张旭执行各项实质性程序所获取的审计证据，按形式特征可分为哪些种类？

3. 注册会计师王越对南方公司 2013 年度财务报表执行了分析性程序，相关数据列示在表 6-1 中。

表 6-1　**分析性程序（风险评估程序）**　金额单位：元

项目	当期未审金额	当期金额的结构百分比（%）	前期金额	前期金额百分比（%）	与前期金额差异额	与前期金额差异率（%）	是否重点关注
货币资金	119 712 566.06	4.22	178 769 898.84	7.44	-59 057 332.78	-33.04	是
交易性金融资产							
应收票据	2 380 346.67	0.08	1 190 000.00	0.05	1 190 346.67	100.03	
应收账款	309 959 510.08	10.94	230 505 980.20	9.60	79 453 529.88	34.47	是
预付款项	2 256 282.47	0.08	10 631 584.48	0.44	-8 375 302.01	-78.78	
应收利息							
应收股利							
其他应收款	112 456.02		56 394 811.45	2.35	-56 282 355.43	-99.80	是
存货	1 431 622 996.65	50.51	932 704 125.63	38.84	498 918 871.02	53.49	是
一年内到期的非流动资产							
其他流动资产	1 493 199.01	0.05	1 331 384.86	0.06	161 814.15	12.15	
可供出售金融资产							
持有至到期投资							
长期应收款							
长期股权投资							
投资性房地产							
固定资产	966 882 962.23	34.11	790 323 817.36	32.91	176 559 144.87	22.34	是
在建工程			193 204 608.62	8.05	-193 204 608.62	-100.00	是
工程物资							
固定资产清理			6 216 404.18	0.26	-6 216 404.18	-100.00	是
无形资产							
开发支出							
商誉							
长期待摊费用							
递延所得税资产							
其他非流动资产							
合计	2 834 420 319.19	100.00	2 401 272 615.62	100.00	433 147 703.57	18.04	

要求：请对表6-1的数据进行分析，指出南方公司可能存在重大错报风险的领域。（提示：我们将变化比率超过30%的且绝对额变化较大作为审计重点。）

4. 金河公司的材料采用计划成本核算。审计人员在审查“生产成本”、“原材料”和“材料成本差异”明细账时，发现甲材料10月初材料成本差异为借方余额5 400元，库存材料计划成本为150 000元。10月份购入甲材料的计划成本为1 200 000元，其实际成本为1 178 400元。10月份基本生产车间耗用甲材料的计划成本为240 000元，结转耗用材料的实际成本为244 800元。

要求：请问金河公司材料成本结转是否正确。

5. 下列几组不同类型审计证据的可靠性存在一定的差异：

（1）银行询证函与银行对账单。

（2）注册会计师通过自行计算折旧额所取得的证据与被审计单位的累计折旧明细账的数据。

（3）银行对账单与出库单。

（4）律师询证函回函与注册会计师和律师交谈取得的证据。

（5）内部控制良好时形成的领料单与内部控制较差时形成的领料单。

（6）销售发票与收货单。

要求：比较上述每一组证据中哪个类型的证据更可靠。

6. 在注册会计师协会组织的对会计师事务所审计工作底稿质量检查中，检查人员发现南方公司2013年财务报表审计工作底稿存在如下问题：

（1）审计工作底稿杂乱，底稿中没有交叉索引；

（2）现金盘点数与账面记录相差34.5元，没有进一步的说明或补充证据；

（3）应收账款回函约30份装订在一起，没有“应收账款回函汇总表”，且对于回函不相符者，没有补充审计说明或补充审计证据；

（4）“无形资产审定表”中确认的“无形资产——药品批号”320万元，但在无形资产审定表后面所附的该药品批号文件显示该药品批号归南方公司的母公司——荣华公司所有；

（5）审计工作底稿形成中重视数据、资料的归集，缺少审计人员审计轨迹和专业判断的记录。

于是，检查人员认为该项目负责人的项目组内部复核没有真正实施，但项目负责人认为“他们已经在每一份底稿中签名，实施了项目组内部有经验的人员、项目负责人的复核”。

要求：指出检查人员是否有理由认为该项目负责人的项目组内部复核没有真正实施。

7. 2013年2月15日，诚识会计师事务所的A注册会计师完成对顺达公司2012年度财务报表的审计业务，于5月15日将审计工作底稿归整为审计档案，于5月18日私下又对其进行了修改。5月20日，顺达公司舞弊案爆发，A注册会计师擅自销毁了顺达公司审计工作底稿。

要求：

（1）A注册会计师在归整审计档案时是否存在问题，并简要说明理由。

(2) 在归整审计档案后，A 注册会计师私下修改审计工作底稿是否存在问题，并简要说明理由。

(3) 诚识会计事务所在保存审计工作底稿方面是否存在问题，简要说明理由，并简要说明诚识会计师事务所应当对审计工作底稿实施哪些控制程序。

8. 在 2013 年南方公司的财务报表审计中，项目负责人常梅在复核审计小组其他注册会计师形成的审计工作底稿时发现：

(1) 注册会计师武兵在没有参与南方公司存货盘点的情况下，仅向客户索要了 2012 年 12 月 28 日的存货盘点计划、盘点明细表和汇总表，并按此后的收、发凭证数量推算出资产负债表日的存货数量，与账面价值核对后，就据此确认存货的真实性。

(2) 刘阳对南方公司的应收账款实施函证程序后，没有考虑回函率很低应该实施替代程序的情况，就确认了应收账款。

(3) “固定资产增加、减少检查情况表”、“固定资产累计折旧计算表” 和 “固定资产、累计折旧明细检查表” 之间的勾稽关系核对不相符。

(4) “财务费用审定表” 中各个明细数额与应收票据的承兑费用、负债的利息费用、资产和负债的汇兑损益等勾稽关系核对相符。

于是，常梅指导和督促武兵等注册会计师实施了以下追加审计程序，以修改和完善审计工作底稿。

(1) 对存货执行监盘程序，即在评价南方公司存货盘点计划、盘点明细表和汇总表等基础上，对存货项目进行抽点或全部盘点，并关注存货的残次冷背等品质状况，以实际盘点数量逆推计算出资产负债表日的存货数量。

(2) 对没有回函的应收账款实施替代程序，即抽查销售合同、销售订单、销售发票副本及发运凭证等有关的原始凭证，验证应收账款的真实性。

(3) 重新检查固定资产的增减变动和累计折旧的计算，找出勾稽关系不相符的原因，并纠正错误的工作底稿。

要求：项目负责人常梅在复核审计小组其他注册会计师形成的审计工作底稿时重点关注了哪些方面？

9. 假定被审计单位应收账款明细账所附原始凭证销售发票的编号为 0001 至 3500，注册会计师拟选择其中 350 份进行函证。随机数表（部分）见表 6-2。

表 6-2 **随机数表（部分）**

	1	2	3	5	6
1	04734	39426	91035	54939	76873
2	10417	19688	83404	42038	48226
3	07514	48374	35658	38971	53779
4	52305	86925	16223	25946	90222
5	96357	11486	30102	82679	57983
6	92870	05921	65698	27993	86406
7	00500	75924	38803	05286	10072
8	34826	93784	52709	15370	96727

要求：

（1）如利用随机数表（表6-2为该表的开始部分），从第2行第1个数字起，自左往右，以各数的后四位数为准，指出注册会计师选择的最初5个样本的号码分别是哪些。

（2）如采用系统抽样法，并确定随机起点为0005，指出注册会计师选择的最初5个样本的号码分别是哪些？

10. 注册会计师丁颖是南方公司2013年度财务报表审计业务的项目负责人，根据评估的重大错报风险，注册会计师决定针对“应收账款”项目的计价和分摊目标实施传统变量抽样，以确认财务报表上列示的应收账款是否存在高估或低估。丁颖确定的“应收账款”项目的可容忍错报为21 000元。由于预计只存在少量审计差异，确定的预计总体错报为0。南方公司应收账款按照账龄分析法计提坏账准备。其他相关情况如下：

（1）丁颖认为，只有传统变量抽样才能同时量化，控制误拒风险和误受风险，因为非统计变量抽样无法量化控制风险，因而PPS抽样不需要特别控制误拒风险。

（2）丁颖将南方公司2013年12月31日应收账款明细表中列示的全部应收账款定义为抽样总体，而将该明细表中涉及的每个客户定义为抽样单元。

（3）在确定样本规模时，为在确保审计效果的前提下提高审计效率，并考虑到风险后果的严重性，丁颖确定的可接受的误受风险为10%，误拒风险为5%。

（4）为实现计价和分摊目标，丁颖计划对抽取的抽样单元实施积极方式的函证程序，并针对无法收回回函等特殊情况计划了替代审计程序。

（5）对样本实施审计程序后，确认的样本审定金额与样本账面金额非常接近。丁颖据此认为在推断总体错报点估计时采用差额估计抽样比比率估计抽样法更为适宜。

（6）因为计算的总体错报上、下限均落入了正负可容忍错报范围内，尽管该上限值与可容忍错报金额很接近，丁颖仍然作出了接受总体的结论。

要求：请分别考虑上述每一种情况，指出注册会计师丁颖的决策或做法是否存在不当之处。如认为存在不当之处，请简要说明理由。

11. 审计人员王华通过对被审计单位销售环节内部控制的了解，将可容忍的偏差率规定为7%（即销售环节的内部控制如果出现7%的偏差是可以容忍的）。

在实施销售环节的内部控制测试时，假定分别出现以下两种情况：第一种，王华在100个测试样本中发现了2个偏差，实际上总体偏差率为8%。第二种，王华在100个测试样本中发现了8个偏差，而实际上总体的偏差率为2%。

要求：王华分别针对上述两种抽样结果情况如何评价销售环节内部控制的有效性？王华面临何种抽样风险？对审计效率、审计效果有何影响？

12. 注册会计师王越负责审计南方公司2013年度财务报表。在了解南方公司内部控制后，王越决定采用审计抽样的方法对拟信赖的内部控制进行测试，部分做法摘录如下：

（1）为测试2013年度信用审核控制是否有效运行，将2013年1月1日至11月

30 日期间的所有销售单界定为测试总体。

（2）为测试 2013 年度采购付款凭证审批控制是否有效运行，将采购凭证缺乏审批人员签字或虽有签字但未按制度审批的界定为控制偏差。

（3）在使用随机数表选取样本项目时，由于所选中的 1 张凭证已经丢失，无法测试，直接用随机数表另选 1 张凭证代替。

（4）在对存货验收控制进行测试时，确定样本规模为 60，测试后发现 3 例偏差。在此情况下，推断 2013 年度该项控制偏差率的最佳估计为 5%。

（5）在上述第（4）项的基础上，王越确定信赖过度风险为 5%，可容忍偏差率为 7%。由于存货验收控制的偏差率的最佳估计不超过可容忍偏差率，认定该项控制运行有效（注：信赖过度风险为 5% 时，样本中发现偏差数“3”对应的控制测试风险系数为 7.8）。

要求：请分别考虑上述每一种情况，指出注册会计师的做法是否正确。如不正确，请简要说明理由。

13. 注册会计师王越负责审计南方公司 2013 年度财务报表。在针对销售费用的发生认定实施细节测试时，王越决定采用传统变量抽样方法实施统计抽样，相关事项如下：

（1）将抽样单元界定为销售费用总额中的每个货币单元。

（2）将总体分为两层，使每层的均值大致相等。

（3）在确定样本规模时不考虑“销售费用”账户的可容忍错报。

（4）采用系统选样的方式选取样本项目进行检查。

（5）在对选中的一个样本项目进行检查时，发现所附发票丢失，于是另选一个样本项目代替。

（6）南方公司 2013 年度销售费用账面金额合计为 75 000 000 元。决定采用传统变量抽样中的差额估计抽样方法，确定的总体规模为 4 000，样本规模为 200，样本账面金额合计为 4 000 000 元，样本审定金额合计为3 600 000元。

要求：

（1）针对上述（1）至（5）项，逐项指出王越注册会计师的做法是否存在不当之处。如果存在不当之处，简要说明理由。

（2）在不考虑上述（1）至（5）项的情况下，针对上述第（6）项，计算销售费用错报金额的点估计值。

第7章

编制审计报告

学习目的与要求

审计报告作为审计工作最终成果的体现，不仅向有关关系人就被审计单位的财务状况、经营成果和现金流量及遵纪守法情况提供了一定程度的保证，供有关方面参考，同时也是评价审计人员工作质量的重要依据。通过本章学习，要深刻理解审计报告的意义，明确审计报告的符合条件，熟悉审计报告的种类和基本内容，掌握不同审计报告审计意见的表述方式以及编制技术和方法。

重点、难点解析

一、重点解析

本章的教学重点是不同审计意见措辞的确定。下面就不同审计意见措辞的确定进行解析。

（一）无保留意见

1. 标准无保留意见。

标准无保留意见，也称肯定意见，是指审计人员在对其所查的全部具体项目都感到满意，并且有充分资料作为依据，所提供的各项财务报表公允表达的条件下表示的审计意见。民间审计组织进行财务报表审计后发表的意见绝大多数均为这种意见。

当注册会计师对财务报表审计后，确定应发表标准无保留意见，其意见措辞审计准则规定有固定词语，审计人员只要按照审计准则关于标准无保留意见报告的参考格式规定撰写即可。在审计报告的意见段，以“我们认为”作为意见段的开头，在对财务报表反映的内容是否恰当发表意见时，使用“在所有重大方面按照企业会计准则的规定编制，公允反映了”等专业术语。

2. 带强调事项段和其他事项段的无保留意见。

审计报告的强调事项段是指注册会计师在审计意见段之后增加的对重大事项予以强调的段落。带强调事项段的无保留意见同标准无保留意见既有相同之处，也有不相同之处。其相同之处是都是无保留意见，不同之处是本意见增加了强调事项段。当注册会计师对财务报表审计后，确定应发表带强调事项段的无保留意见，其意见段的措辞同标准审计意见段的措辞一样，按照标准无保留意见参考格式规定撰写即可。但在意见段之后要加一个强调事项段。在写强调事项段时要注意把握好以下几点内容：一是强调事项是指异常诉讼或监管行动的未来结果存在不确定性或提前应用对财务报表有广泛影响的新会计准则的情况等。二是这些情况的存在可能影响财务报表，但不影响审计意见。三是写强调事项时要指明，该段内容仅用于提醒财务报表使用者关注，并不影响已发表的审计意见。

审计报告的其他事项段是指未在财务报表中列报或披露，但根据注册会计师的职业判断，与财务报表使用者理解审计工作、注册会计师的责任或审计报告相关的事项，当其他事项段为与使用者理解审计工作相关的情形时，其措辞应将管理层对审计范围施加限制导致无法获取充分、适当的审计证据可能产生的影响具有广泛性，注册会计师又不能解除业务约定的情况清楚地说明；当其他事项段为与使用者理解注册会计师的责任或审计报告相关的情形时，其措辞应将注册会计师在财务报表审计中的责任或审计报告清楚地说明；当其他事项段为对两套以上财务报表出具审计报告的情形时，其措辞应将被审计单位根据另一个通用目的编制基础编制了另一套财务报表以及注册会计师对这些财务报表出具了审计报告清楚地说明；当其他事项段为限制审计报告分发和使用的情形时，其措辞应将审计报告只是提供给财务报表预期使用者，不应被分发给其他机构或人员或者被其他机构或人员使用清楚地说明。

（二）保留意见

保留意见是审计人员认为被审计单位的经营活动和财务报表在整体上是公允的，但对某些问题还不能作出肯定或否定的判断，个别方面可能存在重要错误或问题，而又不足以使财务报表失效而相应作出保留若干意见的评价。当注册会计师对财务报表审计后，确定应发表保留意见，其审计意见段中要使用“除……可能产生的影响外”等术语。如果因审计范围受到限制，注册会计师还应当在注册会计师的责任段中提及这一情况。另外，要在意见段之前，增加一个说明段，说明发表这种意见的理由。如果是因为违反法规制度的影响，应将影响的事项、影响的程度以及拒绝调整等情况说明。如果是因为范围受到限制的影响，应将影响事项、影响的范围以及无法实施检查的情况说明。

（三）否定意见

否定意见是指审计人员认为被审计单位在经营活动中存在严重违法乱纪行为或会计处理严重违反会计准则和国家其他有关财务会计法规，以至使财务报表严重歪曲财务状况和经营成果而给予的一种否定的评价。当注册会计师确定发表否定意见时，应在审计意见段中说明“注册会计师认为，由于导致否定意见的事项段所述事项的重要性，财务报表没有在所有重大方面按照适用的财务报告编制基础编制，未能实现公允反映”。另外，要在意见段之前，增加一个说明段，说明发表否定意见的理由。在说明理由时应将违反规定的事项、影响程度以及拒绝调整等情况说明。

（四）无法表示意见

无法表示意见是指审计人员在审计过程中因未搜集到足够的审计证据，无法对被审计单位的财务报表发表确切的审计意见所表示的一种不作评价的意见。当注册会计师确定发表无法表示意见时，一是应当修改审计报告的引言段，说明注册会计师接受委托审计财务报表。二是应当修改对注册会计师责任和审计范围的描述。三是应当在注册会计师的责任段之后、审计意见段之前增加说明段，清楚地说明导致无法发表意见的所有原因，并在可能情况下，指出其对财务报表的影响程度。四是在审计意见段中使用“我们的责任是在按照中国注册会计师审计准则的规定执行审计工作的基础上对财务报表发表审计意见。但由于导致无法表示意见的事项段中所述的事项，我们无法获取充分、适当的审计证据以为发表审计意见提供基础”等术语。

二、难点解析

本章的教学难点是财务报表合法性和公允性的评价。下面就财务报表合法性和公允性的评价进行解析。

财务报表审计的目标是注册会计师通过执行审计工作，对财务报表是否在所有重大方面按照适用的会计准则编制以及公允反映了被审计单位的财务状况、经营成果和现金流量发表审计意见，即对财务报表是否合法、公允发表不同的审计意见。

在理解财务报表是否合法时，注册会计师应当考虑下列内容：①选择和运用的会计政策是否符合适用的会计准则，并适合于被审计单位的具体情况。即企业在会计确认、计量和报告中采用的原则、基础和会计处理方法是否合法。如固定资产后续费用应该资本化的是否资本化，企业会计计量应该采用历史成本、重置成本、可变现净值的是否采用等。②管理层作出的会计估计是否合理。如固定资产折旧年限和净残值的估计是否合理，坏账损失的比例估计是否合理，经济诉讼引起的赔偿估计是否合理等。③财务报表反映的信息是否具有相关性、可靠性和可理解性，即财务报表是否符合使用者需要，如实反映企业实际情况，并且清晰、简明、易懂等。④财务报表是否作出充分披露，使财务报表使用者能够理解重大交易和事项对被审计单位财务状况、经营成果和现金流量的影响。如重要的会计政策和会计估计、会计政策和会计估计变更以及差错更正是否说明，财务报表编制基础、报表重要项目是否说明等。

在理解财务报表是否公允时，注册会计师应当考虑下列内容：①经管理层调整后的财务报表是否与注册会计师对被审计单位及其环境的了解一致，即财务报表是否按照注册会计师审查了解的情况，该冲销的冲销、该摊销的摊销、该计提的计提后按规定进行了相应调整。②财务报表的列报、结构和内容是否合理，即财务报表列报项目数字是否正确，报表各项目数字比重是否适当，应该分类、汇总的项目是否正确等。③财务报表是否真实地反映了交易和事项的经济实质，如融资租入固定资产是否视同承租企业资产进行处理，售后回购收到的款项是否确认的负债，确认的收入是否正确等。

思考与练习

一、判断题

1. 财务报表审计的目标是注册会计师通过执行审计工作，对财务报表的合法性和公允性发表审计意见。因此，注册会计师应当对财务报表的合法性和公允性负责。（　）

2. 在对被审计单位财务报表审计后，注册会计师应清楚地表达审计意见并对出具的审计报告负责，因委托人使用审计报告而造成的一切后果应由出具审计报告的注册会计师及其会计师事务所负责。（　）

3. 委托人将财务报表与审计报告一同提交给使用人，可以减轻或免除编报单位对财务报表的真实性、合法性所负的责任。 ( )

4. 注册会计师对被审计单位财务报表审计，发表的审计意见，具有鉴证作用，政府及有关部门和社会公众可以据其意见作出相应决策。 ( )

5. 公布的审计报告是指公之于世，供社会大众阅读，不具有保密性的审计报告。这种审计报告都附有被审计单位的财务报表，以供企业股东、投资者、债权人等阅读。 ( )

6. 审计报告的签署日期应为完稿日期或财务报表截止日。 ( )

7. 无法表示意见意味着注册会计师无法接受委托。 ( )

8. 标准无保留意见的审计报告意味着，注册会计师通过实施审计工作，认为被审计单位财务报表的编制符合合法性和公允性的要求，合理保证财务报表不存在重大错报。 ( )

9. 注册会计师审计后认为，被审计单位财务报表存在应调整而被审计单位未予调整的重要事项，则注册会计师只能发表保留意见。 ( )

10. 因审计范围受到限制，不能获取充分、适当的审计证据，虽影响重大，但不至于出具无法表示意见的审计报告，应出具保留意见审计报告。 ( )

二、单项选择题

1. 注册会计师签发的审计报告，不具有( )。

A. 鉴证作用　　B. 保护作用

C. 证明作用　　D. 促进作用

2. 当注册会计师发表( )时，审计报告的说明段可以省略。

A. 无保留意见　　B. 保留意见

C. 否定意见　　D. 无法表示意见

3. 某位注册会计师在编写审计报告时，在意见段中使用了“除……段所述事项产生的影响外”的术语，这种审计报告是( )。

A. 无保留意见审计报告　　B. 保留意见审计报告

C. 否定意见审计报告　　D. 无法表示意见审计报告

E. 带强调事项段的无保留意见审计报告

4. 某位注册会计师在编写审计报告时，在意见段中使用了“由于……段所述事项的重要性，我们无法获取充分、适当的审计证据以为发表审计意见提供基础”的术语，这种审计报告是( )。

A. 无保留意见审计报告　　B. 保留意见审计报告

C. 否定意见审计报告　　D. 无法表示意见审计报告

E. 带强调事项段的无保留意见审计报告

5. 某位注册会计师在编写审计报告时，在意见段中使用了“由于……段所述事项的重要性，×公司财务报表没有在所有重大方面按照企业会计准则的规定编制”的术语，这种审计报告是( )。

A. 无保留意见审计报告　　B. 保留意见审计报告

C. 否定意见审计报告
D. 无法表示意见审计报告
E. 带强调事项段的无保留意见审计报告

6. 某位注册会计师在编写审计报告时，在意见段后增加了提请财务报表使用者关注事项，但不影响已发表的审计意见。这种审计报告是(　　)。

A. 无保留意见审计报告
B. 保留意见审计报告
C. 否定意见审计报告
D. 无法表示意见审计报告
E. 带强调事项段的无保留意见审计报告

7. 下列日期中(　　)是审计报告的日期。

A. 撰写审计报告日
B. 外勤审计工作结束日
C. 接受委托审计日
D. 已取得充分、适当证据形成审计意见日

8. 被审计单位对审计范围进行限定，致使审计程序无法实施，注册会计师发表的审计意见应该是(　　)。

A. 保留意见
B. 否定意见
C. 无法表示意见
D. A 或 C

9. 以下说法中不正确的是(　　)。

A. 若客户拒绝进行必要调整，注册会计师可根据情况发表无法表示意见
B. 若客户拒绝进行必要披露，注册会计师可根据情况发表保留或否定意见
C. 若客户拒绝进行必要调整，注册会计师可根据情况发表保留意见
D. 若客户拒绝进行必要披露和调整，注册会计师可根据情况发表无保留意见

10. 在下列情况下，注册会计师应发表保留意见或无法表示意见的有(　　)。

A. 被审计单位拒绝配合存货盘点
B. 被审计单位拒绝接受注册会计师就重大或有事项提出的披露建议
C. 被审计单位拒绝就重大期后事项进行调整
D. 被审计单位拒绝提供三年的比较报表

三、多项选择题

1. 注册会计师在界定完成审计工作的日期时，应考虑的因素有(　　)。

A. 注册会计师应当实施的审计程序已经完成
B. 要求被审计单位调整或披露的事项已经提出
C. 被审计单位已经进行或拒绝进行调整或披露
D. 被审计单位管理当局已经正式签署财务报表

2. 审计报告的引言段应当说明被审计单位的名称和财务报表已经过审计，并包括(　　)。

A. 指出构成整套财务报表的每张财务报表的名称
B. 提及财务报表附注
C. 指明财务报表的日期和涵盖的期间
D. 提及财务报表附表的具体名称

3. 注册会计师在提出(　　)审计意见时，应在说明段部分充分叙述对财务报表所持意见的理由。

A. 无保留意见　　B. 保留意见
C. 否定意见　　D. 无法表示意见

4. 根据审计报告使用的目的不同，审计报告可以分为(　　)。

A. 公布目的的审计报告　　B. 标准审计报告
C. 非公布目的的审计报告　　D. 一般审计报告
E. 特殊审计报告

5. 非标准审计报告是完成对委托人财务报表审查后编制的意见为(　　)种类的报告。

A. 无保留意见审计报告　　B. 否定意见审计报告
C. 保留意见审计报告　　D. 带强调事项段的无保留意见审计报告
E. 无法表示意见审计报告

6. 在评价财务报表是否在所有重大方面按照适用的会计准则编制时，注册会计师考虑的内容包括(　　)。

A. 选择和运用的会计政策是否符合适用的会计准则，并适合于被审计单位的具体情况
B. 管理层作出的会计估计是否合理
C. 财务报表反映的信息是否具有相关性、可靠性、可比性和可理解性
D. 财务报表是否作出充分披露，使财务报表使用者对报表得到了充分理解

7. 在评价财务报表是否作出公允反映时，注册会计师考虑的内容包括(　　)。

A. 经管理层调整后的财务报表，是否与注册会计师对被审计单位及其环境的了解一致
B. 财务报表的列报、结构和内容是否合理
C. 财务报表是否真实地反映了交易和事项的经济实质
D. 财务报表是否作出充分披露，有无遗漏事项

8. 注册会计师的责任段应当说明(　　)。

A. 注册会计师的责任是在实施审计工作的基础上对财务报表发表审计意见
B. 审计工作涉及实施审计程序，以获取有关财务报表金额和披露的审计证据
C. 注册会计师相信已获取的审计证据是充分、适当的，为其发表审计意见提供了基础
D. 已经选择和运用恰当的审计准则

9. 审计意见段应当说明(　　)。

A. 财务报表是否在所有重大方面按照适用的会计准则编制
B. 财务报表是否公允反映了被审计单位的财务状况、经营成果和现金流量
C. 财务报表是否按照注册会计师的要求调整
D. 财务报表编制是否符合国家的财经政策、法规和制度

10. 在(　　)情况下，不影响已发表的审计意见，注册会计师应当在审计报告的意见段后增加强调事项段。

A. 异常诉讼或监管行动的未来结果存在不确定性

B. 提前应用对财务报表有广泛影响的新会计准则

C. 存在已经或持续对被审计单位财务状况产生重大影响的特大灾难

D. 存在重大的期后事项及重大的会计差错更正事项

四、简答题

1. 简述审计报告的特征。

2. 简述审计报告的作用。

3. 审计报告有哪些种类？

4. 简述标准审计报告的基本内容。

5. 简述编制标准审计报告符合的条件。

6. 简述编制非标准审计报告的意义。

7. 简述发表带强调事项段的无保留意见审计报告符合的条件。

8. 简述发表保留意见审计报告符合的条件。

9. 简述发表否定意见审计报告符合的条件。

10. 简述发表无法表示意见审计报告符合的条件。

五、实务题

1. 注册会计师张宏、李刚于2014年3月15日完成对鸿图股份有限公司2013年度财务报表的就地审计。在审计过程中发现A公司起诉鸿图公司的赔偿案，经长达一年半的审理，已于2014年1月15日宣告结束，鸿图公司被判决赔偿A公司28万元。注册会计师认为该事项属于期后事项，应调整2013年度财务报表，但该公司拒绝这一意见。假定审计人员确定的会计报表层次重要性水平是30万元，该企业为低风险企业。

要求：请根据上述资料，代张宏、李刚编写一份恰当的审计报告（引言段、管理层对财务报表的责任段和注册会计师的责任段略）。

2. 正则会计师事务所接受宏达建筑材料股份有限公司的委托，对该公司2013年度的财务报表进行审查，注册会计师张明和刘宏进驻该公司以后，发现因几天连续的暴雨，使该公司遭受严重的水灾，办公室进水，许多手工记账的会计账簿受损，该公司账簿记录部分手工处理，部分计算机处理，但主要还是依赖手工处理。由于保护得当，计算机处理的账簿记录未受损，张明和刘宏试图根据计算机资料重建2013年度的账户系统，但由于缺少重要的数据而难以全面恢复当初的会计记录。

要求：

（1）张明和刘宏应编制哪种类型的审计报告？请说明理由。

（2）请你编制一份恰当的审计报告。

3. 甲注册会计师作为某会计师事务所审计项目负责人，在审计以下单位2013年度财务报表时遇到了以下情况：

（1）A公司拥有一项长期股权投资，账面价值500万元，持股比例30%。2013年12月31日，A公司与K公司签订投资转让协议，拟以450万元的价格转让该项长期股权投资，已收到价款300万元，但尚未办理产权过户手续，A公司以该项长期股权投资正在转让之中为由，不再计提减值准备。

（2）B 公司于 2012 年 5 月 1 日为 L 公司 1 年期银行借款 1 000 万元提供担保，因 L 公司不能及时偿还，银行于 2013 年 11 月向法院提起诉讼，要求 B 公司承担连带清偿责任。2013 年 12 月 31 日，B 公司在咨询律师后，根据 L 公司的财务状况，计提了 500 万元的预计负债。对上述预计负债，B 公司已在财务报表附注中进行了适当披露。截至审计工作完成日，法院未对该项诉讼作出判决。

（3）C 公司在 2013 年度向其控股股东 M 公司以市场价格销售产品 5 000 万元，以成本价购入原材料 3 000 万元，上述销售和采购分别占 C 公司当年销售、购货比例的 30% 和 40%，公司已在财务报表中进行了适当披露。

（4）D 公司于 2013 年 11 月 20 日发现，2012 年漏记固定资产折旧费用 200 万元。D 公司在编制 2013 年度财务报表时，对此项会计差错予以更正，追溯调整了相关财务报表项目，并在财务报表附注中进行了适当披露。

要求：假定上述情况对各被审计单位 2013 年的财务报表的影响都是重要的，且各被审计单位均拒绝接受甲注册会计师提出的审计处理意见（如有）。在不考虑其他因素影响的前提下，请分别针对上述四种情况，判断甲注册会计师应对 2013 年度财务报表出具何种类型的审计报告，并简要说明理由。

4. 林红注册会计师已完成对华联股份有限公司（以下简称华联公司）2013 年度财务报表的实地审计工作，现正草拟审计报告。假定 2012 年度的审计工作也由该注册会计师完成。2013 年度的审计工作已完成各项规定审计程序，在复核工作底稿时，除发现有以下几项情况需要在编制审计报告时加以考虑外，其他方面均符合出具无保留意见审计报告的要求。

（1）华联公司不愿编制 2011—2013 年三年的比较财务报表。

（2）华联公司不愿公开现金流量表。

（3）2013 年华联公司变更了固定资产折旧方法，并已在财务报表附注中作了说明，但未经主管财政部门批准。

（4）华联公司 2013 年年末产成品期末余额多记 10 000 元，影响了当年的利润，注册会计师提请该公司调整，但未被接受。

（5）华联公司从 2013 年 7 月份起对产成品发出计价由先进先出法改为加权平均法，使当年主营业务成本上升 1.5 万元，这一变化未在财务报表中说明，确定应纳税所得额时也未作调整。

（6）一些应收账款账户余额无法实施函证程序，但已运用其他审计程序进行了验证。

（7）华联公司 2013 年 6 月 30 日曾从某银行取得 1 000 万元的长期贷款，用于购建固定资产。贷款合同限定，须到 2015 年 12 月 31 日后，且获取利润方可支付现金股利。对此，华联公司不愿在财务报表附注中予以说明。

要求：说明上述各项情况对审计报告的影响及原因。

下篇
交易循环篇

第 8 章

销售与收款循环审计

学习目的与要求

本章主要学习销售与收款循环中的主要业务活动，销售交易的内部控制和控制测试，收款交易的内部控制和控制测试，营业收入、应收账款审计的目标和实质性程序。通过学习，要了解销售与收款循环中的主要业务活动；了解销售交易和收款交易内部控制的内容，掌握对其进行控制测试的程序；明确营业收入、应收账款的审计目标，掌握对其执行实质性程序所采用的步骤和方法。

重点、难点解析

一、重点解析

本章的学习重点：一是营业收入确认的审计；二是应收账款的函证。

（一）营业收入确认的审计

此问题同学们应注意复习和运用会计课程所学的营业收入确认的知识。

主营业务收入确认审查的标准是《企业会计准则第 14 号——收入》，根据其规定，企业销售商品收入，同时满足下列五个条件的，才能予以确认：（1）企业已将商品所有权上的主要风险和报酬转移给购买方；（2）企业既没有保留通常与所有权相联系的继续管理权，也没有对已售出的商品实施控制；（3）收入的金额能够可靠地计量；（4）相关的经济利益很可能流入企业；（5）相关的已发生或将发生的成本能够可靠地计量。实务中，注册会计师应根据上述五个条件，结合被审计单位不同的销售方式和货款结算方式进行测试。

（二）应收账款的函证

应收账款函证是证实应收账款是否存在的重要审计程序。学习时，应注意把握以下几点：

1. 明确函证的含义

函证（外部函证），是指注册会计师直接从第三方（被询证者）获取书面答复作为审计证据的过程，书面答复可以采用纸质、电子或其他介质等形式。

2. 掌握函证的要点

注册会计师应当对应收账款实施函证，除非有充分证据表明应收账款对财务报表不重要，或函证很可能无效。函证的要点如下：（1）注册会计师可以确定从应收账款总体中选取特定项目进行测试；（2）注册会计师通常在资产负债表日后适当时间实施函证；（3）注册会计师应当根据特定的审计目标设计询证函；（4）注册会计师可采用积极式函证或消极式函证，也可将两种方式结合使用；（5）当实施函证时，注册会计师应当对选择被询证者、设计询证函以及发出和收回询证函保持控制；（6）注册会计师应注意处理不符事项；（7）注册会计师应总结和评价函证的结果。

3. 替代审计程序的实施

如果认为函证很可能无效，注册会计师应当实施替代审计程序，获取充分、适当的审计证据。注册会计师应抽查有关原始凭证，如销售合同、销售订购单、销售发票副本、发运凭证等，以验证与其相关的应收账款的真实性。

二、难点解析

本章的难点是销售的截止测试，同学们在学习时应注意根据收入确认的准则，把握三个日期，掌握三条审计路线。

（一）复习收入确认准则

我国《企业会计准则》规定："收入只有在经济利益很可能流入从而导致企业资产增加或者负债减少，且经济利益的流入额能够可靠计量时才能予以确认。"

（二）把握三个日期

根据收入确认的基本原则，注册会计师在审计中应注意把握三个与主营业务收入确认有着密切关系的日期：一是发票开具日期或者收款日期；二是记账日期；三是发货日期。

（三）掌握三条审计路线

围绕上述三个日期，在审计实务中，注册会计师可以考虑选择三条审计路线实施主营业务收入的截止测试：一是以账簿记录为起点；二是以销售发票为起点；三是以发运凭证为起点。上述三条审计路线在实务中均被广泛采用，它们并不是孤立的，注册会计师可以考虑在同一被审计单位财务报表审计中并用这三条路线，甚至可以在同一主营业务收入项目审计中并用。

思考与练习

一、判断题

1. 企业采用预收账款销售方式，应于商品已经发出时确认收入的实现。（ ）

2. 从总体上对主营业务收入的真实性作出初步判断时，注册会计师一般不实施实质性分析程序。（ ）

3. 截止测试是实质性程序中常用的一种具体审计技术，尤其在主营业务收入审计中的运用更为典型。（ ）

4. 如果不对应收账款实施函证，注册会计师应当在工作底稿中说明理由。（ ）

5. 注册会计师通常在资产负债表日前适当时间函证资产负债表日的应收账款余额。（ ）

6. 如果重大错报风险评估为低水平，注册会计师可选择资产负债表日前适当日期为截止日实施函证，并对所函证项目自该截止日起至资产负债表日止发生的变动实

施实质性程序。 ( )

7. 当对应收账款实施函证时，注册会计师应当对选择被询证者、设计询证函以及发出和收回询证函保持控制。 ( )

8. 对未函证的应收账款，注册会计师应执行替代审计程序。 ( )

9. 应收账款若存在贷方余额，注册会计师应建议被审计单位作重分类调整。 ( )

10. 向顾客提供商品和劳务是销售与收款循环的起点。 ( )

11. 审计人员必须对被审计单位所有的应收账款进行函证。 ( )

12. 在赊销业务中，如果发货单（或提货单）与销售发票的时间属于不同年度，应以发货单（或提货单）上的时间为准来登记应收账款明细账和主营业务收入明细账。 ( )

二、单项选择题

1. 下列不属于销售与收款循环中的业务活动的是(　　)。

A. 接受顾客订单　　B. 向顾客开具账单

C. 注销坏账　　D. 确认与记录负债

2. 在销售与收款循环的内部控制中，下列说法中不正确的是(　　)。

A. 企业应当分别设立办理销售、发货、收款三项业务的部门（或岗位）

B. 由一名财务人员编制销售单并开具销售发票

C. 销售人员应当避免接触销售现款

D. 企业应收票据的取得和贴现必须经由保管票据以外的主管人员的书面批准

3. 应收账款审计的目标不包括(　　)。

A. 确定应收账款是否存在

B. 确定应收账款是否归被审计单位所有

C. 确定应收账款和坏账准备期末余额是否正确

D. 确定应收账款的可收回性

4. 应收账款询证函的发出和收回应由(　　)控制。

A. 被审计单位　　B. 注册会计师

C. 被审计单位和注册会计师　　D. 被审计单位或注册会计师

5. 注册会计师实施主营业务收入的截止测试，主要目的是发现(　　)。

A. 当年未入账销货　　B. 年末应收账款余额不正确

C. 超额的销货折扣　　D. 未核准的销货退回

6. 应收账款询证函应由(　　)签章。

A. 注册会计师　　B. 会计师事务所

C. 被审计单位　　D. 被审计单位的总经理

7. 应收账款询证函的回函应当寄给(　　)。

A. 被审计单位　　B. 会计师事务所

C. 被审计单位，并由被审计单位转交会计师事务所

D. 被审计单位或会计师事务所均可

8. 检查发货单、销售发票是否事先编号并按编号的先后顺序使用，是为了检验主营业务收入的(　　)。

A. 存在或发生　　B. 完整性

C. 权利与义务　　D. 计价与分摊

9. 为了确保所有发出的货物均已开出发票，注册会计师应该从被审计年度的(　　)中抽取样本与相关的发票进行核对。

A. 主营业务收入明细账　　B. 发货单

C. 应收账款明细账　　D. 销售单

10. 审计人员实施销售截止测试的目的是(　　)。

A. 确定已入账销售业务的真实性

B. 确定主营业务收入的数额是否正确

C. 查找未入账的销售业务

D. 确定主营业务收入的会计记录归属期是否正确

三、多项选择题

1. 下列属于销售与收款循环中的业务活动的有(　　)。

A. 办理和记录现金、银行存款收入　　B. 注销坏账

C. 提取坏账准备　　D. 验收商品

2. 主营业务收入审计的目标一般包括(　　)。

A. 确定主营业务收入的内容、数额是否合理、正确、完整

B. 确定对销售退回、销售折扣与折让的处理是否适当

C. 确定主营业务收入的会计处理是否正确

D. 确定主营业务收入的披露是否恰当

3. 与主营业务收入确认有着密切关系的日期包括(　　)。

A. 发票开具日期　　B. 收款日期

C. 记账日期　　D. 发货日期

4. 如果应收账款函证发现了不符事项，不符事项的原因可能是(　　)。

A. 双方登记入账的时间不同　　B. 被审计单位的舞弊行为

C. 一方记账错误　　D. 双方记账错误

5. 审计人员抽查销售发票时，应当核对的文件、资料包括(　　)。

A. 相关的销售单　　B. 相关的客户订货单

C. 相关的发运凭证　　D. 有关的账户记录

6. 假如在销售总账、明细账中登记并未发生的销售或销售已实现却不记入总账和明细账，其违犯了被审计单位管理层的(　　)认定。

A. 存在或发生　　B. 完整性

C. 权利与义务　　D. 表达与披露

7. 向顾客开具销售发票，这项控制与销售交易的(　　)相关。

A. 完整性认定　　B. 权利和义务认定

C. 准确性认定　　D. 发生认定

四、简答题

1. 销售与收款循环中的主要业务活动有哪些？
2. 销售交易的内部控制主要包括哪些内容？
3. 收款交易的内部控制主要包括哪些内容？
4. 收入交易和余额可能存在哪些固有风险？
5. 营业收入的审计目标有哪些？
6. 主营业务收入的实质性程序一般分为哪几步？
7. 注册会计师如何实施销售的截止测试？
8. 应收账款审计的目标有哪些？
9. 应收账款的实质性程序一般分为哪几步？
10. 注册会计师如何对应收账款实施函证？
11. 坏账准备的实质性程序一般分为哪几步？

五、实务题

1. 注册会计师张梅在审查 ABC 公司销售业务时，发现该公司于 2013 年 12 月向 M 公司采用分期收款方式销售甲产品 200 件，每件甲产品生产成本 800 元，每件售价 1 000 元。双方约定，2013 年 12 月 M 公司收到货物时先付货款的 40%，在以后 6 个月内每月分别再付货款的 10%。注册会计师张梅在审查该公司“主营业务收入”和“主营业务成本”等账户时，发现该公司于 12 月将销售给 M 公司的 200 件甲产品全部确认为销售收入，并同时结转产品销售成本。

要求：指出该公司在销售业务处理中存在的问题，并提出处理意见。

2. 某企业承包人在承包期内以虚增当期利润手段套取承包奖 10 万元。注册会计师李军在查阅该承包企业账目时，发现 12 月份“主营业务收入”、“应收账款”账户较以往各期发生额较大，经查阅明细账，发现“应收账款”明细账中未作登记，注册会计师李军怀疑其有虚列收入、套取承包奖的问题。

注册会计师李军根据账簿记录调阅有关记账凭证，发现 12 月 27 日 18 #凭证的内容是：

借：应收账款　　1 053 000
　贷：应交税费——应交增值税（销项税额）　　153 000
　　　主营业务收入　　900 000

12 月 29 日 25 #凭证的内容是：

借：应收账款　　702 000
　贷：应交税费——应交增值税（销项税额）　　102 000
　　　主营业务收入　　600 000

12 月 30 日 30 #凭证的内容是：

借：应收账款　　255 000
　贷：应交税费——应交增值税（销项税额）　　255 000

经审查，上述三张记账凭证均未附任何原始凭证，虚列当期收入 150 万元，三笔业务在“库存商品”明细账和“应收账款”明细账中均未作登记，准备于下年初将上述分录作销货退回处理。

要求：根据以上情况提出处理意见。

3. 注册会计师王英在审查ABC公司12月份的销售明细表时，发现以前盈利的甲产品本月却发生了亏损。审查“主营业务收入”甲产品明细账时，发现已销售10台甲产品，单价32 000元，增值税税率17%，单价和税率与以前月份相同，单位成本却大幅度上升，由11月份的23 000元上升到34 500元。再审查当月“库存商品”明细账时，却发现结转15台甲产品成本，单位成本为23 000元，与前月相同。将“主营业务收入”明细账、“主营业务成本”明细账与“库存商品”明细账比较，发现少转5台甲产品的销售收入160 000元，应交增值税27 200元。为了查明此事，注册会计师王英进一步抽查了12月份有关甲产品销售的发货票存根、出库凭证，并逐一与“主营业务收入”明细账记录核对，查明已销售给乙单位的5台甲产品已开出发票，其收入却未记入“主营业务收入”明细账。注册会计师王英审查当月“银行存款日记账”的收款记录，并抽查收款凭证，其会计分录为：

借：银行存款　　187 200

　贷：预收账款　　187 200

该收款凭证后附两张单据，一张是信汇单，于11月25日入账，另一张是发货票，签发日为12月10日，预收款在先，开票在后，相差半个月。经询问有关会计人员证实，是由于会计人员对该项业务不熟，而将发货票直接粘在该收款凭证后面，未及时结转收入。

要求：指出ABC公司在销售业务中存在的问题；如需调账，如何处理？

4. 注册会计师张梅在审查ABC公司2013年8月份“银行存款日记账”时，发现8月24日摘要中注明预收某产品货款，但对方科目的名称是“主营业务收入”，金额计26万元，决定进一步查证。经查阅2013年8月24日17#记账凭证，其会计分录如下：

借：银行存款　　260 000

　贷：主营业务收入　　260 000

该凭证所附的原始凭证仅是一张信汇收账通知，无发票记账联，经过询问当事人并调阅有关销售合同，确定该公司预收某单位产品预购款26万元，但因对会计制度规定不熟悉，会计人员已将其在收到预购款当日作了收入处理。

要求：指出该公司存在的问题，并提出处理意见。

5. 注册会计师张勇在审查ABC公司收入业务时，发现它与裕华公司签订了来料加工合同。合同中规定，加工费8 000元，通过银行转账支付，剩余材料留归ABC公司。审查ABC公司银行存款收款凭证时，收款凭证上的会计分录为：

借：银行存款　　8 000

　贷：其他应付款　　8 000

后又发现加工多余的材料100千克，合同标价为每千克15元，被加工车间出售，取得收入1 500元，并将此收入作为加工人员奖金分掉。

要求：指出 ABC 公司在处理上述来料加工业务中存在的问题，并提出处理意见。

6. 注册会计师李军于 2014 年 2 月 18 日审查 ABC 公司应收账款明细账时，发现 2013 年 12 月 31 日 M 公司明细账有借方余额 150 000 元，经查证有关凭证，是 2010 年 M 公司向 ABC 公司购买木料的货款。

要求：说明应收账款的 M 公司明细账可能存在的问题，并提出审计意见。

7. ABC 公司 2013 年年末应收账款总账的余额为 3 000 万元，其所属明细账中借方余额的合计数为 3 100 万元，贷方余额的合计数为 100 万元；其他应收款总账余额为1 500万元，该公司采用应收账款余额百分比法计提坏账准备，计提比例为 1%，计提金额为 21 万元。坏账准备账户记录详见表 8-1。

表 8-1 **坏账准备明细账（简式）** 单位：万元

日期	凭证字号	摘要	借方	贷方	余额
1 月 1 日		上年结转			40（贷方）
6 月 8 日	转字 74	核销坏账	6		34（贷方）
9 月 13 日	转字 185	核销坏账	10		24（贷方）
12 月 31 日	转字 369	计提本年的坏账准备		21	45（贷方）

要求：根据上述资料，对 ABC 公司坏账准备的计提进行审查并提出审计意见。

8. 注册会计师张勇审查 ABC 公司 2013 年 9 月份“银行存款日记账”时，发现 9 月 10 日 25#凭证摘要中注明专有技术使用费 70 000 元，但对方账户是“应付账款”，决定进一步调查。

经查阅 9 月 10 日 25#记账凭证，凭证的内容如下：

借：银行存款　　70 000

　贷：应付账款　　70 000

该记账凭证后面所附的原始凭证是一张“送款单”回单和双方签订的专有技术使用协议，经询问有关人员，确定该公司的专有技术使用费收入记入了“应付账款”账户。

要求：指出 ABC 公司存在的问题，并作出调整分录。

9. 注册会计师李敏对 ABC 公司进行年度审计，发现该公司在年初曾和 M 公司签订一项租赁合同。M 公司租用 ABC 公司的 6 间办公室，租期为 5 年，年租金为 24 000元，该办公室的年折旧额为 6 000 元。ABC 公司在收到第一年的租金时，作了如下账务处理：

借：银行存款　　24 000

　贷：累计折旧　　6 000

　　其他业务收入　　18 000

假定 ABC 公司其他业务收入适用的营业税税率为 3%，不考虑其他相关税费。

要求：说明应采用的审计方法，指出存在的问题并提出处理意见。

10. 注册会计师李军在审阅某 ABC 公司 2013 年度的总账时，发现“其他业务成本”账户有年末借方余额 60 000 元，调阅其他业务成本明细账，发现该余额系 12 月 27 日材料销售成本。据此，注册会计师李军怀疑该公司已完成该项材料销售业务，但未结转相应的成本，人为地调增了本年度利润。

注册会计师李军从明细账查得记录12月27日材料销售业务的凭证号为315#，调阅该凭证，摘要提示为结转材料销售成本，会计分录为：

借：其他业务成本　　60 000

　贷：原材料　　60 000

注册会计师李军相应地审查其他业务收入明细账，发现12月27日有材料销售收入100 000元，凭证号为356#，调阅该凭证，分录如下：

借：银行存款　　117 000

　贷：其他业务收入　　100 000

　　应交税费——应交增值税（销项税额）　　17 000

据上述凭证，注册会计师李军认为该公司12月份确认了材料销售收入，转入本年利润，而没有相应地结转其成本，使"其他业务成本"账户留有不应有的借方余额60 000元，人为地调增了本年利润。注册会计师李军向公司会计主管提出此问题，主管人员调阅凭证后承认确属错记。

要求：针对上述查实的问题，提出处理意见。

11. 注册会计师在对ABC公司2013年度的应收账款进行审计时，实施了发函询证的程序，大部分客户已回函表示认可结账日的欠款或没有复函提出质疑，只有4个客户在回函中分别反映以下信息：

（1）甲客户表示，余额3 600元已于2013年12月28日付清。

（2）乙客户表示，尾款2 000元已于2013年1月2日付清。

（3）丙客户表示，该公司曾于10月中旬预付货款70 000元，足以抵付询证函上所示两张发票的欠款61 200元。

（4）丁客户表示，询证函上所列示的货品从未收到。

要求：说明注册会计师应如何对上述应收账款实施替代审计程序。

12. ABC公司2013年12月31日应收账款的明细资料见表8-2。

表8-2　　ABC公司2013年12月31日应收账款的明细资料

余额	明细账数量	平均余额（万元）	小计（万元）
0~5万元	610	3.2	1 952
5~10万元	120	6.8	816
10万元以上	55	13.7	753.5
贷方余额	6	（2.5）	（15）
合　计	791		3 506.5
账　龄	明细账数量	占应收账款总额的比例	金额（万元）
3个月以下	125	52%	1 823.38
3个月~1年	520	26%	911.69
1年~2年	120	20%	701.3
2年以上	26	2%	70.13
合计	791		3 506.5

要求：根据上述资料，设计应收账款的实质性程序。

六、编制工作底稿题

1. ABC 公司 2013 年度主营业务收入明细资料见表 8-3。

表 8-3　**ABC 公司 2013 年度主营业务收入明细资料**

产品名称	销售收入（元）
甲产品	38 652 862
乙产品	16 752 368
丙产品	9 763 529
丁产品	4 357 871
合　计	69 526 630

注册会计师李军于 2014 年 1 月 20 日完成了对其的测试，无调整事项。

要求：请你代注册会计师李军编制营业收入审定表（见表 8-4）（索引号为 SA1，复核人为注册会计师张梅，复核日期为 2014 年 1 月 21 日）。

表 8-4　**营业收入审定表**

被审计单位：________	索引号：________
项目：________	财务报表截止日/期间：________
编制：________	复核：________
日期：________	日期：________

项目类别	本期未审数	账项调整		本期审定数	上期审定数
		借方	贷方		
一、主营业务收入					略
小计					
二、其他业务收入	略				略
小计	略				略
营业收入合计	略				略

审计说明：

（略）

审计结论：

2. ABC 公司 2012 年度、2013 年度主营业务收入的明细资料见表 8-5。

表 8-5　　ABC 公司主营业务收入的明细资料　　单位：元

产品名称	主营业务收入	
	2013 年度	2012 年度
甲产品	38 652 862	30 786 532
乙产品	16 752 368	14 657 356
丙产品	9 763 529	9 986 534
丁产品	4 357 871	3 680 569
合　计	69 526 630	59 110 991

要求：请你代注册会计师李军编制主营业务收入明细分析表（见表 8-6）（编制日期为 2014 年 1 月 22 日，索引号为 SA2，复核人为注册会计师张梅，复核日期为 2014 年 1 月 23 日）。

表 8-6　　主营业务收入明细分析表

被审计单位：______	索引号：______
项目：______	财务报表截止日/期间：______
编制：______	复核：______
日期：______	日期：______

类别	年度		年度		收入变动额	收入变动比例（%）	结构变动比例（%）
	金额	比重（%）	金额	比重（%）			

审计说明：

（略）

3. ABC 公司 2013 年 12 月 31 日应收账款项目账面余额为 1 256 800 元（账龄均在 1 年以内），坏账准备余额为 62 000 元。经测试，注册会计师李军认为应收账款项目应进行账项调整的数字为借方 43 200 元，贷方 20 000 元。

要求：请你代注册会计师李军编制应收账款审定表（见表 8-7）（编制日期为 2014 年 1 月 23 日，索引号为 ZD1，复核人为注册会计师张梅，复核日期为 2014 年 1

月 24 日)。

表 8-7 **应收账款审定表**

被审计单位:________	索引号:________
项目:________	财务报表截止日/期间:________
编制:________	复核:________
日期:________	日期:________

项目名称	本期未审数	账项调整		重分类调整		本期审定数	上期审定数
		借方	贷方	借方	贷方		
一、账面余额合计							略
1 年以内							
1~2 年							
2~3 年							
3 年以上							
二、坏账准备合计							略
1 年以内							
1~2 年							
2~3 年							
3 年以上							
三、账面价值合计							略
1 年以内							
1~2 年							
2~3 年							
3 年以上							

审计说明:

(略)

审计结论:

4. ABC 公司应收账款 M 公司明细账 2013 年 12 月 31 日为借方余额 150 248 元。晋审会计师事务所的注册会计师李梅于 2014 年 1 月 26 日决定对其进行函证,函证方式为积极式。

要求:请你代注册会计师张梅编制一份询证函(询证函索引号为 ZD3,编号为 001)。

第9章

采购与付款循环审计

学习目的与要求

采购与付款循环审计是对采购与付款循环业务的真实性、完整性、正确性以及在财务报表上披露的恰当性等方面进行的审计。通过本章学习，旨在理解有关采购与付款循环审计的基本理论问题，熟练掌握采购与付款循环审计的方法和技能，提高运用所学的知识解决实际问题的能力。通过学习本章，要在全面认识和掌握有关采购与付款专业知识的基础上；明确采购与付款循环审计的概念、意义和程序；掌握采购与付款循环各项目内部控制评审的方法，以及应付账款、固定资产项目审计的内容、技能和方法。

重点、难点解析

一、重点解析

本章教学重点是固定资产增加的审计。下面就固定资产增加的审计进行解析。

固定资产的增加是固定资产实质性程序中的一项重要内容。如果固定资产增加核算不正确，或者漏计，或者多计，或者计价不正确，将会对企业的资产负债表和利润表产生长期的影响。为此，在固定资产审计中应将固定资产增加审计列为重点内容。

在对固定资产增加审计时，应开展好以下几项工作：一是通过询问管理层当年固定资产的增加情况，并与获取或编制的固定资产明细表进行核对。在核对时要注意审查有无实际已经购入固定资产，但没有入账，漏计固定资产的情况。这一点可结合实地观察、走访，追查至固定资产明细账，检查有无固定资产实际存在，而未入账漏计的情况。二是检查本年度增加固定资产的计价是否正确，手续是否齐备，会计处理是否正确。这是固定资产增加审计的重点内容。要根据固定资产取得的不同途径，通过该途径增加固定资产的手续审查，账务处理审查，证证核对，证账核对等方式方法进行审查。如对于外购的固定资产，要通过核对采购合同、发票、保险单、发运凭证等文件，检查其手续是否齐全；通过记账凭证、固定资产总账和明细账，检查其计价是否正确，会计处理是否正确等。对于在建工程转入的固定资产，应检查有无竣工决算、验收和移交报告等手续；通过固定资产验收报告等相关原始凭证同记账凭证、固定资产总账和明细账核对，检查其入账价值是否正确，会计处理是否正确等。三是根据不同固定资产取得途径对固定资产检查时，要注意实际并无增加固定资产，而伪造虚假手续，使固定资产出现虚增多计的情况。对这种情况，可以通过以固定资产明细分类账为起点，进行实地追查，来查明明细账所列固定资产存在的真实性以及目前的使用状况。

二、难点解析

本章教学难点是固定资产计价审计。下面就固定资产计价审计进行解析。

固定资产计价涉及的业务比较多，固定资产增加、减少、计提折旧、计提减值准备以及资产评估等业务都存在一个固定资产计价问题，如果对这些业务计量不准确、记录不真实，必然使固定资产计价不正确。因此，对固定资产计价审计应包含固定资产增加、减少、计提折旧等方面的审计。但不论固定资产计价涉及多少业务，它们的审查方法基本相同，在审查时只要掌握这些基本方法，固定资产计价问题便可查明。具体来说，在审查固定资产计价时，要从以下几方面进行：一是要根据影响固定资产计价的不同业务，查明不同业务的相关手续是否真实、是否齐全。如通过外购增加的固定资产，审查其采购合同、发票、保险单、发运凭证等是否真实和齐全；通过出售、转让、报废、毁损、盘亏等减少的固定资产，审查其是否有授权批准和相关处理手续，这些手续是否真实；通过清产核资、资产评估调整固定资产账面价值的，审查其有无清产核资报告、资产评估报告以及政府有关部门的批复文件等。二是在验证这些手续的基础上，用这些原始凭证同记账凭证核对，查明其账务处理和计价的正确性。如通过检查企业固定资产折旧政策的有关规定和折旧计算及相关资料，核实固定资产原值、固定资产折旧计提的范围是否正确；确定的使用寿命、预计净残值和折旧方法是否合理；折旧计算表计算的折旧数是否正确，并同折旧记账凭证核对，查明折旧计价的正确性。通过对被审计单位计提的固定资产减值准备审查，查明其计提的依据是否充分，记入凭证的价值是否正确等。三是通过固定资产会计凭证同固定资产总账、明细账核对，查明其证账、账账记录的一致性。

思考与练习

一、判断题

1. 采购与付款交易中的实物控制主要是指对已验收入库的商品的实物控制，限制非经授权人员接近存货。实物保管应由独立于验收、采购和会计部门的人员来担任。　（　　）

2. 应付账款的控制主要包括：应付账款的记录必须由独立于请购、采购、验收、付款的职员来进行（假定无预付货款的交易和享有折扣的交易）；必须分别设置应付账款总账和明细账户；每月应将应付账款明细账定期与客户的对账单进行核对。　（　　）

3. 一般情况下，应付账款不需要函证，这是因为函证不能保证查出未记录的应付账款，况且注册会计师能够取得采购发票等外部凭证来证实应付账款的余额。　（　　）

4. 进行应付账款函证时，注册会计师应选择的函证对象是较大金额的债权人，那些在资产负债表日金额为零的债权人不必函证；同样，当选择重要的应付账款项目

进行函证时，不应包括余额为零的项目。 ( )

5. 在对应付账款函证时，如果存在未回函的重大项目，注册会计师应采用替代审计程序。比如，可以检查决算日后应付账款明细账及库存现金和银行存款日记账，核实其是否已支付，同时检查该笔债务的相关凭证资料，如合同、发票、验收单，核实应付账款的真实性。 ( )

6. 检查是否存在未入账的应付账款，可通过检查债务形成的相关原始凭证，如供应商发票、验收报告或入库单等，对照应付账款明细账，确认其是否及时入账。 ( )

7. 对固定资产实施实地检查审计程序时，注册会计师可以以固定资产明细分类账为起点，进行实地追查，以证明所列固定资产确实存在以及目前的使用状况。 ( )

8. 对固定资产实施实地检查审计程序时，注册会计师不能以实地为起点，再追查固定资产明细账，以收集实际存在的固定资产均已入账的证据。 ( )

9. 对房地产类固定资产，注册会计师需要查阅有关的合同、产权证明、财产税单、抵押借款的还款凭据、保险单等书面文件来证实其所有权。 ( )

10. 检查本年度增加固定资产的计价是否正确、手续是否齐备以及会计处理是否正确时，对于外购固定资产，可通过核对采购合同、发票、保险单、发运凭证等文件，对照会计处理来进行。 ( )

11. 在考虑固定资产减值准备的前提下，影响折旧的因素则包括折旧的基数、累计折旧、固定资产减值准备、固定资产预计净残值和固定资产尚可使用年限五个方面。 ( )

12. 因更新改造而停止使用的固定资产应继续计提折旧，因大修理而停止使用的固定资产不应再提取折旧。 ( )

二、单项选择题

1. 不属于应付账款实质性分析性程序的方法是( )。

A. 对期末应付账款余额与上期期末余额进行比较，分析其波动原因

B. 计算应付账款对存货的比率，并与以前期间对比，评价应付账款整体的合理性

C. 分析存货和营业成本等项目的增减变动，判断应付账款增减变动的合理性

D. 分析出现借方余额的项目，查明原因，必要时，建议作重分类调整

2. 注册会计师为了获取实际存在的固定资产均已入账的证据，应当采用的最佳程序是( )。

A. 以固定资产明细分类账为起点，进行实地追查

B. 以实地为起点，追查至固定资产明细分类账

C. 先从实地追查至明细分类账，再从明细分类账追查至实地

D. 先从明细分类账追查至实地，再从实地追查至明细分类账

3. 下列各项目不属于固定资产内部控制的是( )。

A. 授权批准制度　　　　B. 预算制度

C. 定期盘点制度　　D. 保险制度

4. 下列各项目不属于采购与付款职责分离控制的是(　　)。

A. 请购与审批　　B. 请购与询价

C. 采购合同的订立与审批　　D. 采购、验收与相关会计记录

E. 付款的申请、审批与付款执行

5. 下列各审计程序中，对查找未入账的应付账款最无效的是(　　)。

A. 检查债务形成的相关原始凭证，如供应商发票、验收报告或入库单等，查找有无未及时入账的情况

B. 函证应付账款

C. 针对资产负债表日后付款项目，检查银行对账单及有关付款凭证

D. 检查资产负债表日后应付账款明细账贷方发生额的相应凭证

6. 下列审计程序中，不属于固定资产减少的审计程序的是(　　)。

A. 结合固定资产清理科目，抽查固定资产账面转销额是否正确

B. 检查出售、转让、报废、毁损、盘亏等固定资产减少是否经授权批准，会计处理是否正确

C. 检查因修理、更新改造而停止使用的固定资产的会计处理是否正确

D. 审核固定资产的验收报告

7. 下列各项中，对应付账款通常不进行函证的情况是(　　)。

A. 控制风险高　　B. 财务状况不佳

C. 应付账款金额较大　　D. 存在大量小金额的欠款

8. 注册会计师在对应付账款进行函证时，函证应采用方式一般为(　　)。

A. 积极式　　B. 否定式

C. 积极式和否定式的结合　　D. 积极式或否定式均可

三、多项选择题

1. 采购与付款交易的控制测试包括(　　)。

A. 对请购商品或劳务内部控制测试　　B. 对订购商品或劳务内部控制测试

C. 对验收商品内部控制测试　　D. 对实物内部控制测试

E. 对应付账款内部控制测试

2. 应付账款审计的目标是(　　)。

A. 确定资产负债表中记录的应付账款是否存在

B. 确定所有应当记录的应付账款是否均已记录

C. 确定资产负债表中记录的应付账款是否为被审计单位应履行的现时义务

D. 确定应付账款是否以恰当的金额包括在财务报表中，与之相关的计价调整是否已恰当记录

E. 确定应付账款是否已按照企业会计准则的规定在财务报表中作出恰当的列报

3. 对应付账款执行实质性分析性程序包括(　　)。

A. 对期末应付账款余额与上期期末余额进行比较，分析其波动原因

B. 分析长期挂账的应付账款，判断被审计单位是否缺乏偿还能力或利用应付账

款隐瞒利润

C. 计算应付账款对存货的比率以及对流动负债的比率，同以前期间对比分析，评价应付账款整体的合理性

D. 分析存货和营业成本等项目的增减变动，判断应付账款增减变动的合理性

4. 在下列情况中，注册会计师需要函证应付账款的有(　　)。

A. 金额小且不是经常客户的债权人

B. 控制风险较高

C. 某应付账款明细账户金额较大

D. 被审计单位处于财务困难阶段

5. 固定资产的审计目标一般包括(　　)。

A. 确定资产负债表中记录的固定资产是否存在

B. 确定所有应记录的固定资产是否均已记录

C. 确定记录的固定资产是否由被审计单位拥有或控制

D. 确定固定资产是否以恰当的金额包括在财务报表中

6. 复核本期折旧费用的计提和分配时，注册会计师应注意(　　)。

A. 了解被审计单位折旧政策、使用寿命、折旧范围等方面是否合规合理

B. 检查被审计单位折旧政策前后期是否一致

C. 复核本期折旧费用的计提是否正确

D. 检查折旧费用的分配方法是否合理，是否与上期一致

E. 注意固定资产增减变动时，有关折旧的会计处理是否符合规定等

7. 下列审计程序中，属于固定资产减少审计程序的是(　　)。

A. 结合固定资产清理科目，抽查固定资产账面转销额是否正确

B. 检查出售、转让、报废、毁损、盘亏等固定资产减少是否经授权批准，会计处理是否正确

C. 检查因修理、更新改造而停止使用的固定资产的会计处理是否正确

D. 检查投资转出的固定资产的会计处理是否正确

E. 审核固定资产的验收报告

8. 下列审计程序中，与查找未入账应付账款有关的是(　　)。

A. 检查供应商发票、验收报告或入库单等，查找有无未及时入账的应付账款

B. 检查资产负债表日后应付账款明细账贷方发生额的相应凭证，关注其购货发票的日期

C. 针对资产负债表日后付款项目，检查银行对账单及有关付款凭证

D. 函证应付账款

9. 检查本期固定资产的增加应注意(　　)。

A. 询问管理层当年固定资产的增加情况，并与固定资产明细表进行核对

B. 检查本年度增加固定资产的手续是否齐备，计价和会计处理是否正确

C. 检查固定资产弃置费用的估计方法和弃置费用现值的计算是否合理，会计处理是否正确

D. 检查租入的固定资产是否确属企业必需，双方是否签订和认真履行合同

10. 进行累计折旧的实质性程序通常包括(　　)。

A. 获取或编制固定资产及累计折旧分类汇总表，并进行账账、账表核对

B. 检查折旧政策和方法、预计使用寿命、预计净残值是否合理及折旧计算是否正确

C. 复核本期折旧费用的计提和分配

D. 查明所计提折旧金额是否已全部摊入本期产品成本或费用

E. 检查累计折旧的减少是否合理、会计处理是否正确

四、简答题

1. 简述采购与付款交易控制测试的内容。
2. 简述固定资产控制测试的内容。
3. 简述应付账款审计的目标。
4. 简述应付账款实质性分析程序的方法。
5. 对应付账款是否记入了正确的会计期间、是否全部入账应从哪些方面检查?
6. 简述固定资产审计的目标。
7. 简述对固定资产实施实质性分析程序的步骤。
8. 固定资产增加审计应注意从哪些方面进行?
9. 简述固定资产减少审计的要点。
10. 简述累计折旧实质性程序包括的内容。
11. 简述固定资产减值准备实质性程序包括的内容。

五、实务题

1. 注册会计师张雷审计 A 公司的应付账款项目，由于 A 公司为一化工企业，每年从某固定供应商购入原材料近 2 100 万吨。截至 2013 年年底，A 公司应付该供应商货款 221 388 124. 57 元。由于该供应商属于长期客户，且应付账款金额巨大，因此审计人员向该供应商进行函证。经函证，该供应商确认 A 公司所欠货款为 292 287 133. 57元。张雷在分析审查产生差异的原因时，发现该公司 2010 年度通过材料成本差异账户冲减 2006—2010 年度已分摊的材料成本差异共 7 000 万元，理由是 A 公司认为对方售价太高，自 2009 年以来公司就没有付过货款，双方一直争执不下。张雷认为 A 公司存在低估负债的可能，且因此而影响到该公司利润的真实性。

要求：分析说明张雷的认识是否正确。

2. 审计人员审查某工厂固定资产时，发现该厂将报废出售的某项固定资产的变价收入 5 000 元冲减固定资产（借记“银行存款”，贷记“固定资产”），并将发生的固定资产清理费用 3 000 元直接列入营业外支出（借记“营业外支出”，贷记“银行存款”）。同时了解到该项固定资产原始价值为 50 000 元，预计使用 5 年，预计净残值为2 000元，采用双倍余额递减法计提折旧，已使用 3 年并将其报废出售给一家乡镇企业。

要求：

(1) 指出该业务的账务处理是否正确，请根据复算的结果编制会计分录。

（2）指出该项业务的错误所在及其影响。

3. 某企业于12月份以更新设备的名义淘汰了6台正常运转的机器设备，设备原值90万元，已提折旧50万元，财会部门按厂长授意作了固定资产清理的账务处理，会计分录为：

借：固定资产清理——机器设备　400 000
　　累计折旧　500 000
　贷：固定资产——机器设备　900 000

12月末，将其净值40万元作为固定资产清理后的净损失，由“固定资产清理”账户转入了“营业外支出”账户，会计分录为：

借：营业外支出——处理固定资产净损失　400 000
　贷：固定资产清理——机器设备　400 000

审计人员分三步审查了该企业的上述行为：第一步，审阅固定资产清理明细账。发现上述6台设备的会计处理有缺点，设备未到年限却作清理，而账簿记录中没有清理费用和残料价值或变价收入。第二步盘点实物。经实地查看和盘点已作清理处理的6台设备，在车间根本没动，而且照常运转。第三步，调查企业对该设备作固定资产清理的指导思想。经询问有关人员，供认其目的是通过提前报废该6台设备，压缩当年利润数额少计交所得税，以缓解资金不足的矛盾。

要求：根据以上情况，作出账务调整分录。

4. 审计人员在审查华润股份有限公司2013年度固定资产折旧时，发现2012年12月新增已投入生产使用的机床一台，原价为100 000元，预计净残值为10 000元，预计使用年限为5年，使用年数总和法对该项固定资产计提折旧，其余各类固定资产均用直线法折旧，且该公司对这一事项在报表中未作揭示。

要求：根据上述情况，指出这一事项对被审计单位财务报表的影响，说明应如何处理。

5. 2014年1月，审计人员审查了某企业上年12月份基本生产车间设备计提折旧情况，在审阅固定资产明细账和制造费用明细账时，发现如下记录：

（1）11月末该车间设备计提折旧额为12 000元，年折旧率为6%。

（2）11月份购入设备一台，原值20 000元，已安装完工交付使用。

（3）11月份将原来未使用的一台设备投入车间使用，原值10 000元。

（4）11月份交外单位大修设备一台，原值50 000元。

（5）11月份进行技术改造设备一台，当月交付使用，该设备原值为200 000元，技改支出50 000元，改造前变价收入20 000元。

（6）12月份该车间设备计提折旧21 000元。

要求：假定企业2013年11月末计提折旧数正确，验证该企业2013年12月份计提折旧数是否正确。如不正确，请作出调整分录。

6. 审计人员在审查甲企业2013年度主营业务收入明细账时，发现该企业在下半年至年末正值销售旺季之时，销售收入下滑幅度较大。审计人员怀疑该企业利用“应付账款”账户隐匿收入，故决定作进一步审查。审计人员查阅了2013年11月与

12 月的“应付账款”明细账，发现下列会计分录：

借：银行存款　　180 000

　贷：应付账款——A 公司　　180 000

所附原始凭证为银行进账单回单和向 A 公司开出的发货票。发货票上注明的货款为 153 846 元，增值税为 26 154 元，合计 180 000 元。

甲企业适用的增值税税率为 17%，假定该笔业务的销售利润为 100 000 元，所得税税率为 25%。

要求：指出该企业存在的问题，并提出处理意见。

7. 某注册会计师对 H 公司的应付账款进行审计。根据需要，该注册会计师决定对表 9-1 所列的 H 公司的四个明细账中的两个进行函证。

表 9-1　　**H 公司应付账款明细账情况汇总表**

单位名称	应付账款年末余额	本年度进货总额
A 公司	32 650 元	56 100 元
B 公司	—	1 880 000 元
C 公司	75 000 元	85 000 元
D 公司	189 000 元	2 032 000 元

要求：

（1）指出该注册会计师应选择哪两位供货人进行函证？为什么？

（2）假定上述四家公司均为 H 公司的采购人，上表中两栏分别是应收账款年末余额和本年销货总额，指出该注册会计师应选择哪两家公司进行函证？为什么？

8. 审计人员接受委托，对 A 公司进行年度财务报表审计。假定：（1）该审计人员目前正在对应付账款项目的审计编制计划。（2）上年度工作底稿显示共寄发 200 份询证函。对该客户的 2 000 家供货商进行抽样函证，样本从余额较大的各明细账户中抽取。为了解决函证结果与被审计单位会计记录间的较小差异，审计人员和被审计单位均花费较多时间。对于未回复的供应商，均运用其他审计程序进行了审计，没有发生异议。

要求：

（1）说明该审计人员在制定将予实施的审计程序时，应考虑哪些审计目的。

（2）说明该审计人员应否使用函证；如使用函证，列举使用函证的各种情况。

（3）说明上年度进行函证时，选取有较大年末余额的供应商进行函证为何不一定是最有效的方法。本年度在选样函证应付账款时，该审计人员宜采用何种更有效的方法？

9. 2014 年 2 月，注册会计师接受委托对兴华公司 2013 年度财务报表进行审计，在审查固定资产增减业务时，发现下列问题：

（1）2013 年 1 月购入专用设备一台，买价 300 000 元，其发生运杂费4 000元、设备安装费 8 000 元。后两笔费用都计入了管理费用。该项专用设备于当年 2 月份投入使用（直线法折旧，年折旧率为 10%）。

（2）发现 2013 年度经批准出售机床一台，原价 57 200 元，已累计计提折旧

12 840元，净值44 360 元，出售所得价款35 560 元。该厂的会计处理是：

借：银行存款　　35 560

　贷：实收资本　　35 560

借：累计折旧　　12 840

　　营业外支出　　44 360

　贷：固定资产　　57 200

要求：根据上述资料，分析指出所存在的问题，并根据审计结果，分别编制调整分录。

六、编制工作底稿题

1. E 公司2013 年 12 月 31 日应付账款明细资料见表 9-2。

表 9-2　　**E 公司 2013 年 12 月 31 日应付账款明细资料**　　单位：元

单位名称	借方余额	贷方余额	合计	核算内容
一、应付账款关联方：				
甲公司		3 357 551.97	3 357 551.97	材料费
乙公司		6 298 149.09	6 298 149.09	设备款
丙公司		2 603 202.34	2 603 202.34	材料费
小计		12 258 903.40	12 258 903.40	
二、应付账款非关联方：				
丁公司		12 603 202.88	12 603 202.88	材料费
戊公司		8 699 160.92	8 699 160.92	材料费
戊公司		2 335 678.24	2 335 678.24	设备款
小计		23 638 042.04	23 638 042.04	
合计		35 896 945.44	35 896 945.44	

注册会计师王平于2014 年1 月26 日完成了对 E 公司应付账款的测试。经测试，发现欠丁公司的款项中有200 万元因对方将材料发错，在 2013 年 12 月 29 日已经退回材料，但没有及时冲销应付账款，E 公司已同意调整账目。

要求：请你代注册会计师王平编制应付账款审定表（见表 9-3）的部分内容（索引号为 FD1，复核人为注册会计师张志，复核日期为 2014 年 1 月 27 日）。

表 9-3　　**应付账款审定表**

被审计单位：________	索引号：________
项目：________	财务报表截止日/期间：________
编制：________	复核：________
日期：________	日期：________

项目类别	本期未审数	账项调整		重分类调整		本期审定数	上期审定数
		借方	贷方	借方	贷方		
一、应付账款关联方：							

续表

项目类别	本期未审数	账项调整		重分类调整		本期审定数	上期审定数
		借方	贷方	借方	贷方		
二、应付账款非关联方：							

审计说明：

审计结论：

2. E公司2013年12月31日固定资产、累计折旧及减值准备明细表部分资料见表9-4。

表9-4 **固定资产、累计折旧及减值准备明细表** 单位：元

项目名称	期初余额	本期增加	本期减少	期末余额	备注
一、固定资产原值合计	324 568 001.71	67 908 253.31	1 462 198.04	391 014 056.98	
其中：房屋及建筑物	15 905 085.44	3 380 583.56	637 724.48	18 647 944.52	
机器设备	296 873 260.17	64 527 669.75	824 473.56	360 576 456.36	
电子设备	3 033 692.06			3 033 692.06	
运输设备	8 755 964.04			8 755 964.04	
二、累计折旧合计	20 399 378.32	2 703 516.44	746 285.14	22 356 609.62	
其中：房屋及建筑物	6 297 811.12	1 509 607.38	2 263.49	7 805 155.01	
机器设备	12 100 232.80	686 829.45	359 776.03	12 427 286.22	
电子设备	1 086 514.48	297 823.48	244 451.43	1 139 886.53	
运输设备	914 819.92	209 256.13	139 794.19	984 281.86	
三、减值准备合计					
四、账面价值合计	304 168 623.39	65 204 736.87	715 912.90	368 657 447.36	
其中：房屋及建筑物	9 607 274.32	1 870 976.18	635 460.99	10 842 789.51	
机器设备	284 773 027.37	63 840 840.30	464 697.53	348 149 170.14	
电子设备	1 947 177.58	(297 823.48)	(244 451.43)	1 893 805.53	
运输设备	7 841 144.12	(209 256.13)	(139 794.19)	7 771 682.18	

注册会计师王平于2014年1月22日完成了对E公司固定资产的测试，经测试，发现有一台机器设备在2013年12月15日由在建工程交付使用，但没有记入固定资产明细账和总账，价值30万元，被审计单位已经同意调整。

要求：请你代注册会计师王平编制固定资产审定表（见表9-5）的部分内容（编制日期为2014年1月22日，索引号为Z01，复核人为注册会计师张志，复核日期为2014年1月23日）。

表 9-5

固定资产审定表

被审计单位：________	索引号：________
项目：________	财务报表截止日/期间：________
编制：________	复核：________
日期：________	日期：________

项目名称	本期未审数	账项调整		重分类调整		本期审定数	上期审定数
		借方	贷方	借方	贷方		
一、固定资产原值合计							
其中：房屋及建筑物							
机器设备							
电子设备							
运输设备							
二、累计折旧合计							
其中：房屋及建筑物							
机器设备							
电子设备							
运输设备							
三、减值准备合计							
四、账面价值合计							
其中：房屋及建筑物							
机器设备							
电子设备							
运输设备							

审计说明：

审计结论：

3. 表 9-6 列示的是 E 公司 2013 年 12 月 20 日部分固定资产明细情况。

表 9-6

E 公司 2013 年 12 月 20 日部分固定资产明细情况

金额单位：元

序号	名称	规格型号	计量单位	单价	账面结存	
					数量	金 额
1	斗提机		台	3 526 551.32	3	10 579 653.96
2	输送机		台	454 045.73	1	454 045.73
3	车床		台	203 589.00	5	1 017 945.00
4	机床		台	70 066.00	8	560 528.00
5	起重机械		台	872 000.00	2	1 744 000.00
6	电机		台	5 830.00	8	46 640.00
	⋮					

注册会计师王平在 2013 年 12 月 29 日同 E 公司固定资产使用部门、设备管理部门、财务部门等人员，对该公司固定资产进行了盘点检查。盘点检查比例为全部固定资产的 15% 。经盘点检查，账实相符，没有发现问题。

要求：请代注册会计师完成固定资产盘点检查表（见表 9-7）的编制（编制日期为 2013 年 12 月 29 日，索引号为 ZO3，复核人为注册会计师张志，复核日期为 2013 年 12 月 31 日）。

表 9-7　　固定资产盘点检查表

被审计单位：________	索引号：________
项目：________	财务报表截止日/期间：________
编制：________	复核：________
日期：________	日期：________

序号	名称	规格型号	计量单位	单 价	账面结存		被审计单位盘点			实际检查			备注
					数量	金额	数量	金额	盈亏（+、-）	数量	金额	盈亏（+、-）	
1	斗提机												
2	输送机												
3	车床												
4	机床												
5	起重机械												
6	电机												
	⋮												

审计说明：

（略）

审计结论：

第10章

生产与存货循环审计

学习目的与要求

生产与存货循环审计涉及的内容主要是存货的管理及生产成本的计算等，该循环所涉及的资产负债表项目主要是存货，包括材料采购或在途物资、原材料、材料成本差异、库存商品、发出商品、商品进销差价、委托加工物资、委托代销商品、受托代销商品、周转材料、生产成本、制造费用、劳务成本、存货跌价准备、受托代销商品款等；涉及的利润表项目主要是营业成本，包括主营业务成本和其他业务成本。通过本章学习，旨在了解生产与存货循环的主要业务活动，了解生产与存货循环的内部控制，理解生产与存货循环控制测试，熟练掌握存货监盘和存货计价审计的内容和程序，要在掌握所学相关专业知识的基础上，结合教学案例掌握存货的实质性程序的方法和技能。

重点、难点解析

一、重点解析

（一）存货监盘程序

如果存货对财务报表是重要的，注册会计师应当实施存货监盘程序，对存货的存在和状况获取充分、适当的审计证据。具体来说，存货监盘涉及：检查存货以确定其是否存在，评价存货状况，并对存货盘点结果进行测试；观察管理层指令的遵守情况，以及用于记录和控制存货盘点结果的程序的实施情况；获取有关管理层存货盘点程序可靠性的审计证据。

存货监盘的环节很复杂、很细化，总体来讲应完成以下几项工作：获取有关资料，以编制存货监盘计划；在存货盘点现场实施监盘程序；对特殊情况进行处理。存货监盘计划包括：存货监盘的目标、范围及时间安排；存货监盘的要点及关注事项；参加存货监盘人员的分工；检查存货的范围。实施存货监盘程序包括：评价管理层用以记录和控制存货盘点结果的指令和程序；观察管理层制定的盘点程序的执行情况；检查存货；执行抽盘；需要特别关注的情况；存货监盘结束时的工作。

（二）存货计价测试

存货计价测试主要是针对被审计单位所使用的存货单位成本是否正确所做的测试，存货成本计价测试的内容包括：直接材料成本审计、直接人工成本审计和制造费用审计。

存货计价审计时，应注意选择存货数量已经盘点、单价和总金额已经记入存货汇总表的结存存货作为测试的样本，选择符合企业自身特点的存货计价方法，并进行独立的计价测试。待测试结果出来后，应与企业账面记录对比，编制对比分析表，分析形成差异的原因。如果差异过大，应扩大测试范围，并根据审计结果考虑是否应提出审计调整建议。由于企业对期末存货采用成本与可变现净值孰低的方法计价，在存货计价审计中注册会计师应充分关注企业对存货可变现净值的确定及存货跌价准备的计提是否正确。

二、难点解析

（一）制订存货监盘计划应考虑的相关事项

在编制存货监盘计划时，注册会计师需要考虑以下事项：与存货相关的重大错报风险；与存货相关的内部控制的性质；对存货盘点是否制定了适当的程序，并下达了正确的指令；存货盘点的时间安排；存货的存放地点（包括不同存放地点的存货的重要性和重大错报风险），以确定适当的监盘地点；是否需要专家协助。

注册会计师对存货盘点程序进行检查时，应当考虑下列主要因素，以评价其能否合理地确定存货的数量和状况：盘点的时间安排；存货盘点范围和场所的确定；盘点人员的分工及胜任能力；盘点前的会议及任务布置；存货的整理和排列，对毁损、陈旧、过时、残次及所有权不属于被审计单位的存货的区分；存货的计量工具和计量方法；在产品完工程度的确定方法；存放在外单位的存货的盘点安排；存货收发截止的控制；盘点期间存货移动的控制；盘点表单的设计、使用与控制；盘点结果的汇总以及盘盈或盘亏的分析、调查与处理。注册会计师如果认为被审计单位的存货盘点程序存在缺陷，应当提请被审计单位调整。

（二）存货的截止

存货截止测试是指注册会计师检查截止至12月31日，购入并已包括在12月31日存货盘点范围内的存货。存货正确截止的关键在于存货实物纳入盘点范围的时间与存货引起的借贷双方会计科目的入账时间都处于同一会计期间。存货截止测试时，注册会计师抽查存货盘点日期前后的购货发票与验收报告（或入库单），档案中的每张发票均附有验收报告（或入库单）。对于存货入库和装运出库过程中采用连续编号的，注册会计师应当关注截止日期前的最后编号。如果被审计单位没有使用连续编号的凭证，注册会计师应当列出截止日期以前的最后几笔装运和入库记录。如果被审计单位使用运货车厢或拖车进行存储、运输或验收入库，注册会计师应当详细列出存货场地上满载和空载的车厢或拖车，并记录其各自的存货状况。

存货截止测试的另一种方法是审阅验收部门的业务记录，凡是接近年底（包括次年年初）购入的货物，必须查明其相对应的购货发票是否在同期，并已入账，对于未收到购货发票的入库存货，是否将入库单分开存放并暂估入账。

思考与练习

一、判断题

1. 具体来说，存货监盘涉及检查存货以确定其是否存在，评价存货状况，并对

存货盘点结果进行测试。 ( )

2 注册会计师如果认为被审计单位的存货盘点程序存在缺陷，不应当提请被审计单位调整。 ( )

3. 存货正确截止的关键在于存货实物纳入盘点范围的时间和存货引起的借贷双方会计科目的入账时间都处于同一会计期间。 ( )

4. 存货监盘的目的仅是获取有关存货数量的审计证据。 ( )

5. 定期盘点存货，合理确定存货的数量和状况是被审计单位管理层的责任。 ( )

6. 注册会计师应当从存货盘点记录中选取项目追查至存货实物以测试盘点记录的完整性；注册会计师还应当从存货实物中选取项目追查至存货盘点记录，以测试存货盘点记录的准确性。 ( )

7. 如果注册会计师在实施抽查程序中发现了差异，很可能表明被审计单位的存货盘点记录在准确性或完整性方面存在错误。一方面，注册会计师应当查明原因，并及时提请被审计单位更正；另一方面，注册会计师应当考虑错误的潜在范围和重大程度，在可能的情况下，扩大抽查的范围以减少错误的发生。 ( )

8. 在任何情况下，注册会计师都应当对被审计单位的存货实施现场监盘。 ( )

9. 被审计单位盘点存货前，注册会计师不需要观察盘点现场。 ( )

10. 如果被审计单位委托其他单位保管或控制的存货对财务报表是重要的，注册会计师应当向保管或控制存货的单位实施函证程序，以获取有关该存货存在和状况的充分、适当的审计证据。 ( )

11. 如果在存货盘点现场实施存货监盘不可行，注册会计师应当实施替代审计程序，以获取有关存货的存在和状况的充分、适当的审计证据。 ( )

二、单项选择题

1. K 公司实行实地盘存制。在复核 2014 年 1 月 2 日对 K 公司的存货监盘备忘及相关审计工作底稿时，注意到以下情况，其中做法正确的是( )。

A. 监盘前将抽盘范围告知 K 公司，以便其做好相关准备

B. 索取全部盘点表并按编号顺序汇总后，进行账账、账实核对

C. 抽盘后将抽盘记录交予 K 公司，要求 K 公司据以修正盘点表

D. 未能监盘期初存货，根据期末监盘结果倒推期初存货余额，并予以确认

2. ( )是企业下达生产产品等生产任务的书面文件，是通知生产车间组织产品生产，供应部门组织材料发放，会计部门组织成本计算的依据。

A. 生产任务通知单 B. 发料单 C. 领料单 D. 保管单

3. 生产与存货循环可以看成是由两个既相互独立又密切联系的系统组成的，一个涉及商品的实物流程，另一个涉及与之相关的( )。

A. 成本、价值流程 B. 加工流程 C. 人员流程 D. 收付流程

4. 注册会计师观察被审计单位存货盘点的主要目的是为了( )。

A. 查明被审计单位是否漏盘某些重要的存货项目

B. 鉴定存货的质量　　C. 了解存货的种类

D. 获得存货期末是否实际存在及其状况的证据

5. 被审计单位永续盘存记录应由(　　)。

A. 存储部门负责　　B. 验收部门负责

C. 会计部门负责　　D. 采购部门负责

6. 产成品的发出须由独立的发运部门进行。装运产成品时必须持有经有关部门核准的发运通知单，并据此编制(　　)。

A. 入库单　　B. 发票　　C. 出库单　　D. 产品成本计算单

7. 存货监盘程序是用作控制测试还是实质性程序，取决于注册会计师的(　　)、审计方案和实施的特定程序。

A. 审计费用　　B. 实际时间　　C. 审计重要性　　D. 风险评估结果

8. 生产与存货循环的内部控制主要包括存货的内部控制和(　　)两项内容。

A. 采购业务的内部控制　　B. 价值流转记录程序的内部控制

C. 成本会计制度的内部控制　　D. 销售业务的内部控制

9. 被审计单位的存货盘点计划最好由被审计单位和注册会计师共同制订，但盘点计划的责任由(　　)承担。

A. 合伙人　　B. 被审计单位

C. 审计项目负责人　　D. 负责该项目的注册会计师

10. 产成品入库，须由(　　)部门先行点验和检查，然后签收。签收后，填制产成品入库单，并将实际入库数量通知会计部门。

A. 仓库　　B. 采购　　C. 生产　　D. 验收

三、多项选择题

1. 存货监盘计划应当包括的内容有(　　)。

A. 存货监盘的要点及关注事项　　B. 存货监盘的目标、范围及时间安排

C. 参加存货监盘人员的分工　　D. 检查存货的范围

2. 注册会计师对某公司 2013 年度财务报表进行审计时，实施存货截止测试程序可查明(　　)。

A. 少计 2013 年度的存货和应付账款　　B. 多计 2013 年度的存货和应付账款

C. 虚增 2013 年度的利润　　D. 虚减 2013 年度的利润

3. 审计中(　　)等事项本身，不能作为注册会计师省略不可替代的审计程序或满足于说服力不足的审计证据的正当理由。

A. 困难　　B. 环境　　C. 成本　　D. 时间

4. 对被审计单位存货审计是最复杂、最费时的部分，其原因是(　　)。

A. 存货占资产比重大　　B. 存货放置地点不同，实物控制不便

C. 存货项目的种类繁多　　D. 存货计价方法多样化

5. 成本会计制度的控制测试包括(　　)。

A. 直接材料成本控制测试　　B. 直接人工成本控制测试

C. 制造费用控制测试

D. 生产成本在当期完工产品与在产品之间分配的控制测试

6. 存货的监盘针对的主要是存货的(　　)认定，存货数量的准确性直接影响到这些认定。

A. 存在　　B. 完整性　　C. 发生　　D. 权利和义务

7. 存货监盘的时间，包括(　　)等，应当与被审计单位实施存货盘点的时间相协调。

A. 实地察看盘点现场的时间　　B. 观察存货盘点的时间

C. 对已盘点存货实施检查的时间　　D. 编制总体审计策略的时间

8. 存货监盘的范围大小取决于(　　)。

A. 存货的内容　　B. 存货重大错报风险的评估结果

C. 存货的性质　　D. 与存货相关的内部控制的完善程度

四、简答题

1. 生产与存货循环中的主要业务活动有哪些?
2. 成本会计制度主要包括哪些内容?
3. 成本会计制度的控制测试主要包括哪些内容?
4. 影响生产与存货交易和余额的重大错报风险有哪些?
5. 存货监盘的作用有哪些?
6. 制订存货监盘计划应考虑的事项有哪些?
7. 存货监盘计划的内容有哪些?
8. 存货监盘程序的内容有哪些?

五、实务题

1. 甲公司是一家专营商品零售的股份公司。ABC 会计师事务所在接受其审计委托后，委派注册会计师李林担任外勤负责人，并将签署审计报告。经过审计预备调查，李林确定存货项目为重点审计领域，同时决定根据财务报表认定确定存货项目的具体审计目标，并选择相应的具体审计程序以保证审计目标的实现。

要求：假定表 10-1 中的具体审计目标已经被注册会计师李林所选定。指出李林应当确定的与各具体审计目标最相关的财务报表认定和最恰当的审计程序分别是什么?(根据表 10-1 后列示的财务报表认定及审计程序，分别选择一项，对每项财务报表认定和审计程序，可以选择一次、多次或不选)

表 10-1　　**相关资料表**

财务报表认定	具体审计目标	审计程序
	公司对存货均拥有所有权	
	记录的存货数量包括了公司所有的在库存货	
	按成本与可变现净值孰低法调整期末存货的价值	
	存货成本计算准确	
	存货的主要类别和计价基础已在财务报表恰当披露	

财务报告认定：(1) 完整性；(2) 存在；(3) 分类和可理解性；(4) 权利与义

务；（5）计价和分摊。

审计程序：（6）检查现行销售价目表；（7）审阅财务报表；（8）在监盘存货时，选择一定样本，确定其是否包括在盘点表内；（9）选择一定样本量的存货会计记录，检查支持记录的购货合同和发票；（10）在监盘存货时，选择盘点表内一定样本质量的存货记录，确定存货是否在库；（11）测试直接人工费用的合理性。

2. 注册会计师正在拟订对乐胜公司存货监盘的计划，由助理人员实施监盘工作，下面是有关监盘计划和监盘工作的安排：

（1）注册会计师在制订监盘计划时，应与乐胜公司沟通，确定检查的重点。

（2）对外单位存放于乐胜公司的存货，注册会计师未要求纳入盘点的范围，助理人员也未实施其他审计程序。

（3）乐胜公司的一批重要存货，已经被银行质押，助理人员通过电话询问了其存在性。

要求：请指出上述有关存货监盘计划和监盘工作是否存在不当之处，如存在，请予以更正。

3. 审计人员受托对某企业在产品成本进行审查。该企业按约当产量法计算在产品成本，审计人员审阅基本生产成本明细账时，发现月初在产品成本为 239 040 元，其中，直接材料 144 000 元，直接人工 36 000 元，其他直接支出 5 040 元，制造费用 54 000元。本月发生费用为 999 000 元，其中，直接材料 662 400 元，直接人工90 000 元，其他直接支出 12 600 元，制造费用 234 000 元。本月完工产品 480 台，月末在产品 240 台，在产品投料率为 80%，完工率为 50%。经查实，本月账面在产品实际成本为 479 880 元，其中，直接材料 350 400 元，直接人工 42 000 元，其他直接支出 5 880元，制造费用 81 600 元，本月完工产品成本已经结转。

要求：

（1）说明审计人员应采用的审计方法；

（2）指出该企业在产品成本计算上存在的问题；

（3）提出处理意见。

4. 注册会计师对甲公司 2013 年度财务报表进行审计时发现：会计部门每月末编制存货的结存成本及可变现净值汇总表，将结存成本低于可变现净值的部分确认为存货跌价准备。

要求：指出上述所述内部控制主要与哪些财务报表项目的哪些认定相关。判断该项控制在设计上是否存在缺陷；如果存在，请予以指出，并提出改进建议。

5. 注册会计师王民负责对常年审计客户甲公司 2013 年度财务报表进行审计。甲公司从事商品零售业，存货占其资产总额的 60%。除自营业务外，甲公司还将部分柜台出租，并为承租商提供商品仓储服务。根据以往的经验和期中测试的结果，王民认为甲公司有关存货的内部控制有效。王民计划于 2013 年 12 月 31 日实施存货监盘程序。王民编制的存货监盘计划部分内容摘录如下：

（1）在到达存货盘点现场后，监盘人员观察代柜台承租商保管的存货是否已经单独存放并予以标明，确定其未被纳入存货盘点范围。

（2）在甲公司开始盘点存货前，监盘人员在拟检查的存货项目上作出标识。

（3）对存货监盘过程中收到的存货要求甲公司单独码放，不纳入监盘的范围。

（4）在存货监盘结束时，监盘人员将除作废外的盘点表单的号码记录于监盘工作底稿。

要求：针对上述各项，逐项指出是否存在不当之处。如果存在，简要说明理由。

6. 甲公司为一家食品加工企业。注册会计师李胜负责审计甲公司2013年度财务报表，确定存货为重要账户，并拟对存货实施监盘。存货监盘计划的部分内容摘录如下：

（1）甲公司共有5个存货仓库，各仓库的存货盘点及监盘时间安排见表10-2。

表10-2 **各仓库的存货盘点及监盘时间安排**

仓库编号	存货名称	盘点及监盘时间
仓库1	存货A	2013年12月31日
仓库2	存货B	2013年12月31日
仓库3	存货A	2013年12月30日
仓库4	存货C	2013年12月30日
仓库5	存货D	2013年12月31日

（2）对盘点结果进行测试时，从存货实物选取项目追查至存货盘点记录。

（3）观察盘点现场，确定应纳入盘点范围的存货是否已经适当整理和排列，并附有盘点标识，并关注存货盘点是否存在遗漏和重复。

（4）存货B为饮料，按箱存放，包装方式为：每箱有10个纸盒，每个纸盒中有12支饮料。抽盘时应该开箱检查，以验证每箱是否确有10个纸盒，并核对该产品是否已接近或超过保质期。

（5）存货C为燃料煤，按堆存放，监盘时应当先测量其体积，并根据体积和比重估算库存数量。

（6）存货D为原材料，甲公司对存货D的入库单连续编号。存货D盘点结束时，检查截至盘点日最后一张入库单并取得复印件，以用于对该存货入库实施的截止性测试。

要求：针对上述各项，逐项指出存货监盘计划是否恰当。如不恰当，简要说明理由。

六、编制工作底稿题

1. 宏大公司2013年年末存货明细资料见表10-3。

表10-3 **宏大公司2013年年末存货明细表** 单位：元

项　目	金　额
原材料	26 327 598
在途材料	3 876 112
库存商品	16 435 376
自制半成品	3 665 988
合　计	50 305 074

注册会计师张越于2014年2月15日完成了对其的测试，无调整事项，除库存商品计提减值准备60 000元外，其他项目没有发生减值。

要求：请你代注册会计师张越编制存货审定表（见表10-4）的部分内容（索引号为ZI1，复核人为注册会计师李丽，复核日期为2014年2月17日）。

表 10-4　　**存货审定表**

被审计单位：________	索引号：________
项目：________	财务报表截止日/期间：________
编制：________	复核：________
日期：________	日期：________

项目类别	本期未审数	账项调整		本期审定数	上期审定数（略）
		借方	贷方		
一、存货账面余额					
原材料					
在途材料					
库存商品					
自制半成品					
合　计					
二、存货跌价准备					
原材料					
在途材料					
库存商品					
自制半成品					
合　计					
三、存货账面价值					
原材料					
在途材料					
库存商品					
自制半成品					
合　计					

审计说明：

（略）

审计结论：

2. 宏大公司 2012 年度和 2013 年度 A 产品和 B 产品生产成本累计发生额见表 10-5。

表 10-5　**宏大公司 2012 年度和 2013 年度 A 产品和 B 产品生产成本累计发生额**　单位：元

产品名称		成本项目			
		直接材料	直接人工	制造费用	合　计
A 产品	2013 年度	4 657 398.36	986 176	1 456 675.38	7 100 249.74
	2012 年度	4 384 568.26	798 632	1 387 973.12	6 571 173.38
B 产品	2013 年度	3 786 134.25	876 563	1 176 487.75	5 839 185
	2012 年度	3 435 865.77	748 396	1 098 285.66	5 282 547.43

要求：请你代注册会计师张越编制生产成本构成分析表（见表 10-6）的部分内容（编制日期为 2014 年 2 月 16 日，索引号为 ZI7，复核人为注册会计师李丽，复核日期为 2014 年 2 月 18 日）。

表 10-6

生产成本构成分析表

被审计单位：________ 索引号：________
项目：________ 财务报表截止日/期间：________
编制：________ 复核：________
日期：________ 日期：________

项目			直接材料	直接人工	制造费用	合计
A 产品	2013 年度	1—12 月发生额				
		各项目所占比例				
	2012 年度	1—12 月发生额				
		各项目所占比例				
	对比结果					
B 产品	2013 年度	1—12 月发生额				
		各项目所占比例				
	2012 年度	1—12 月发生额				
		各项目所占比例				
	对比结果					

审计说明：

略

3. 宏大公司 2012 年度和 2013 年度制造费用累计发生额见表 10-7。

表 10-7

宏大公司 2012 年度和 2013 年度制造费用累计发生额

单位：元

项目	2012 年度	2013 年度
工资	29 000	30 000
折旧费	500 000	500 000
修理费	697 000	745 000
劳动保护费	24 000	25 000
合计	1 250 000	1 300 000

注册会计师张越于 2014 年 2 月 18 日完成了对其的测试，无调整事项。

要求：请你代注册会计师张越编制制造费用构成分析表（见表 10-8）的部分内容（索引号为 ZI8-1，复核人为注册会计师李丽，复核日期为 2014 年 2 月 21 日）。

表 10-8

制造费用构成分析表

被审计单位：________ 索引号：________
项目：________ 财务报表截止日/期间：________
编制：________ 复核：________
日期：________ 日期：________

制造费用项目	2013 年度		2012 年度		比重变动幅度	年度间变动额
	金额	比重	金额	比重		
工资						
折旧费						
修理费						
劳动保护费						
合计						

审计说明

（略）

第 11 章

人力资源与工薪循环审计

学习目的与要求

人力资源与工薪循环审计涉及的内容主要是工薪的管理和应付职工薪酬的计算等。该循环所涉及的报表项目主要是应付职工薪酬。通过本章学习，旨在了解人力资源与工薪循环的主要业务活动，了解人力资源与工薪循环的内部控制，理解人力资源与工薪循环控制测试，熟练掌握应付职工薪酬的实质性分析程序，要在掌握所学相关专业知识的基础上，结合教学案例掌握应付职工薪酬实质性程序的方法和技能。

重点、难点解析

一、重点解析

本章教学重点是人力资源与工薪循环的内部控制和控制测试。

职工薪酬是构成企业成本费用的重要项目，企业可能采用现金的形式支付，因而相对于其他业务更容易发生错误或舞弊行为，应加强控制和管理。人力资源与工薪循环的内部控制包括：适当的职责分离控制、适当的授权控制、适当的凭证和记录控制、资产和记录的实物控制与工作的独立检查控制。

在测试工薪内部控制时，应选择若干月份工薪汇总表，计算并复核每一份工薪汇总表是否正确；检查每一份工薪汇总表是否已经授权批准；检查应付工薪总额与人工费用分配汇总表中的合计数是否相符；检查其代扣款项的账务处理是否正确；检查实发工薪总额与银行付款凭单及银行存款对账单是否相符，并正确过入相关账户。还应从工薪单中选取若干个样本，检查员工工薪卡或人事档案，确保工薪发放有依据；检查员工工薪率及实发工薪额的计算；检查实际工时统计记录与员工工资卡是否相符；检查员工加班记录与主管人员签名的月度加班费汇总表是否相符。

二、难点解析

本章教学难点是应付职工薪酬的实质性程序。

在人力资源和工薪循环的审计中，应付职工薪酬的实质性程序通常包括：对本期职工薪酬执行实质性分析程序；检查本项目的核算内容是否包括职工工资、奖金、津贴和补贴，职工福利，社会保险费，住房公积金，工会经费和职工教育经费，非货币性福利，辞退福利，股份支付等明细项目；重点注意检查应付职工薪酬的计量和确认：国家有规定计提基础和计提比例的，检查是否按照国家规定的标准计提；给职工发放的非货币性福利，是否按公允价值计入相关的资产成本或当期损益，同时确认应付职工薪酬；检查被审计单位的辞退福利核算是否符合有关规定等。

思考与练习

一、判断题

1. 人事部门应负责对结束雇佣关系的员工签发离职通知，离职通知应尽快送达工资部门，以防止对离职人员继续发放工资。（　）

2. 应当限制接触未签字的工薪支票。支票应由有关专职人员签字，工薪应当由负责考勤职能的人员发放。（　）

3. 由于工薪费用可能具有较高的舞弊风险，企业常常广泛采取检查性的控制活动，以降低工薪费用的重大错报风险。（　）

4. 被审计单位以其自产产品作为非货币性福利发给职工的，应根据受益对象，按照该产品的公允价值，计入相关的资产成本或当期损益，同时确认应付职工薪酬。（　）

5. 人力资源部门应当对员工的雇用与解雇负责。（　）

二、单项选择题

1. 企业在雇用人员时，批准雇用的文件应当由负责人力资源和工薪相关事宜的人员编制，最好由（　）履行该职责。

A. 工会部门　　B. 后勤部门
C. 人力资源部门　　D. 会计部门

2. 被审计单位将其租赁住房等资产无偿提供给职工使用的，应当根据受益对象，将每期应付的租金计入相关资产成本或当期损益，同时确认（　）。

A. 坏账准备　　B. 应付职工薪酬
C. 产品销售收入　　D. 应付账款

3. 人力资源部门应独立于（　），负责确定员工的雇用、解雇及其支付率和扣减额的变化。防止企业向员工过量支付工薪，或向不存在的员工虚假支付工薪。

A. 生产职能　　B. 工薪职能
C. 销售职能　　D. 采购职能

4. 被审计单位以其自产产品作为非货币性福利发给职工的，应当根据受益对象，按照该产品的（　），计入相关的资产成本或当期损益，同时确认应付职工薪酬。

A. 账面价值　　B. 产品成本
C. 销售价格　　D. 公允价值

三、多项选择题

1. 被审计单位将其拥有的住房无偿提供给职工使用的，应当根据受益对象，将该住房每期应计提的折旧计入（　），同时确认应付职工薪酬。

A. 相关资产成本　　B. 当期损益

C. 累计折旧　　　　　　　　　　D. 营业外支出

2. 会计准则规定，职工薪酬包括职工在职期间和离职后提供给职工的全部(　　)。

A. 营业外收入　　　　　　　　　B. 货币性薪酬

C. 劳务收入　　　　　　　　　　D. 非货币性福利

3. 企业应当限制接触未签字的工薪支票。支票应由有关专职人员签字，工薪应当由独立于(　　)之外的人员发放。

A. 工薪职能　　　　　　　　　　B. 销售职能

C. 考勤职能　　　　　　　　　　D. 生产职能

四、简答题

1. 人力资源与工薪循环中的主要业务活动有哪些?

2. 人力资源与工薪循环的内部控制主要包括哪些内容?

3. 人力资源与工薪循环的控制测试应如何进行?

4. 工薪交易和余额的重大错报风险主要由哪些原因产生?

5. 工薪内部控制的控制测试应如何进行?

6. 应付职工薪酬的审计目标有哪些?

7. 应付职工薪酬的实质性程序一般分为哪几步?

五、实务题

1. 甲注册会计师负责对ABC有限责任公司2013年度的财务报表进行审计。在人力资源和工薪循环的审计中，发现存在下列风险:

(1) 员工名单中可能会有虚构的员工，或存在已解雇员工仍然保留在工薪单上的情况。

(2) 记录工作时间时出现错误或舞弊。

(3) 工薪交易可能被分配至不正确的总分类账户或根本未予以记录。

(4) 工薪可能发放给不正确的员工或通过电子支付系统支付给不正确的银行账号。

要求：请根据题目中给出的风险，分别指出注册会计师建议ABC有限责任公司应实施的计算机控制和人工控制。

在计算机控制方面:

(1) 工薪处理过程的程序化控制自动更新相关总分类账户;

(2) 逻辑存取控制只允许经授权的员工在员工主文档中添加新员工或记录员工的解聘;

(3) 使用员工智能卡，自动更新工作时间记录;

(4) 对员工银行账户记录和银行信息变更执行逻辑存取控制。

在人工控制方面:

(1) 由生产管理人员、领班人员复核并签署周度时间卡片，批准正常工作时间和加班工作时间;

(2) 由工薪人员进行监控，复核月薪以及例外报告以发现错误和遗漏;

（3）有权雇用和解雇员工的人员不应具有其他工薪职能；

（4）由专人负责工资薪金的方法，并安排主管人员不定期进行复核。

2. 注册会计师在审查大明公司 2013 年 11 月份“应付职工薪酬”账户明细账时，发现企业编制的“工会经费和职工教育经费计算表”见表 11-1。

表 11-1 工会经费和职工教育经费计算表

2013 年 11 月 单位：元

部门		工资总额	工会经费提取额（2%）	职工教育经费提取额（1.5%）
基本生产车间	生产工人	88 600	1 772.00	1 329.00
	管理人员	15 300	306.00	229.50
辅助生产车间		20 560	411.20	308.40
管理部门		26 000	520.00	390.00
专设销售机构		32 470	649.40	487.05
在建工程人员		37 490	749.80	562.35
合计		220 420	4 408.40	3 306.30

企业根据计算表编制的会计分录如下：

借：生产成本——基本生产成本	3 101.00	
——辅助生产成本	719.60	
制造费用	535.50	
管理费用	2 222.15	
销售费用	1 136.45	
贷：应付职工薪酬——工会经费		4 408.40
——职工教育经费		3 306.30

要求：指出大明公司存在的问题，并提出处理意见。

六、编制工作底稿题

宏大公司 2013 年 1—12 月工资总额累计为 86 000 000 元，根据所在地政府规定，公司分别按照职工工资总额的 6%、12%、2%、17% 计提医疗保险费、养老保险费、失业保险费和住房公积金，缴纳给当地社会保险经办机构和住房公积金管理机构。另外，公司按照工资总额的 2% 和 2.5% 计提工会经费和职工教育经费。

要求：请你代注册会计师李军编制应付职工薪酬计提情况检查表（见表 11-2）的部分内容（编制日期为 2014 年 2 月 13 日，索引号为 FF2，复核人为注册会计师张梅，复核日期为 2014 年 2 月 16 日）。

表 11-2 **应付职工薪酬计提情况检查表**

被审计单位：________ 索引号：________

项目：________ 财务报表截止日/期间：________

编制：________ 复核：________

日期：________ 日期：________

项目名称	已计提金额（略）	应计提基数	计提比率	应计提金额
社会保险费				
(1) 医疗保险费				
(2) 养老保险费				
(3) 失业保险费				
住房公积金				
工会经费				
职工教育经费				
合计				

审计说明：

（略）

第 12 章

投资与筹资循环审计

学习目的与要求

投资与筹资循环审计属于审计实务的重点与难点。本章学习旨在充分认识投资与筹资循环审计的基本理论问题，熟练掌握投资与筹资循环审计的方法和技能，提高运用所学的知识解决实际审计工作问题的能力。通过学习本章，要求学生了解投资与筹资循环中的主要业务活动，理解投资与筹资循环的内部控制及控制测试，掌握短期借款、长期借款、长期股权投资和实收资本四个主要账户的审计目标和重要的实质性审计程序。要求学生能结合教学案例和实际工作中出现的问题，全面掌握筹资与投资循环审计的基本理论、基本方法和基本技能，并能熟练编制投资与筹资循环审计的工作底稿。

重点、难点解析

一、重点解析

重点问题主要有：长期股权投资的审计、实收资本的审计。

按现行会计准则规定，长期股权投资可根据不同情况，分别采用成本法和权益法进行会计核算。审计人员应首先检查企业有哪些投资项目适合用权益法核算，并通过询问管理当局或函证接受投资企业等方式，确认企业是否确实对接受投资企业具有共同控制或重大影响，检查企业是否对这些项目采用了权益法。如果企业按有关规定选择成本法核算，审计人员应该取得该企业能够对被投资单位实施控制、对被投资单位不具有共同控制或重大影响且在活跃市场中没有报价、公允价值不能可靠计量的证据。此外，按照《公司法》的规定，除国务院规定的投资公司和控股公司外，公司的累计投资额不得超过本公司净资产的50%。因此，对于长期股权投资业务的检查，审计人员应在计算企业长期股权投资额占企业净资产比例的基础上，查明企业长期股权投资业务是否符合国家在此方面的限制性规定。审阅被审计单位最高层或董事会的会议记录或决议，确认投资活动是否经过批准；核对证券交易凭证、有关投资协议、合同、章程等资料和有关资产的增减，判断其投出和收回金额计算的正确性。

在实收资本审计中应重点做好四个方面的工作：一是审查实收资本筹集、核算的合法性。首先从筹集入手，确认注册资本的筹集是否符合国家规定，审批手续是否完备，出资协议是否齐全，是否符合企业章程等等；其次在资本变动时，要确认注册资本增减变动是否符合国家规定及经过验资并经变更登记；再次在资本所有权转让时，要审查转让是否经过其他出资人同意，手续是否齐备等等。二是审查实收资本的真实性。要确认企业是否有通过假验资虚列实收资本、注册完毕抽逃资本、虚假评估虚列实收资本等行为。三是审查企业所有权和资本分类的正确性。查明企业是否正确划分了权益资本与借入资金的界限、实收资本与资本公积的界限、股本与资本公积的界限等等。四是审查资本计价的正确性。确认现金以外的有形或无形资产投资的入账价值，与合同、协议规定的价值及资产评估确认价值是否一致等等。

二、难点解析

本章的教学难点是：投资收益的审计、借款费用的审计。

投资收益的审计重点关注投资收益的漏记。检查有价证券的买卖、兑现是否经过授权批准，并索要有价证券的备查簿，审查业务发生的记录是否完整、损益核算是否正确，有无将收益转作账外收入的行为；检查是否存在有投资无收益的现象，或通过往来账户来隐藏投资活动。长期股权投资的投资收益，在成本法下，投资收益是按被投资单位宣告发放的现金股利或利润中属于本企业的部分核算的；在权益法下，是按被投资单位实现的净利润或经调整的净利润计算应享有的份额核算的。

企业会计准则借鉴国际会计准则的有关做法，对借款费用的处理方法作了较大的改革。企业发生的借款费用，可直接归属于符合资本化条件的资产的购建或者生产的，应当予以资本化，计入相关资产成本；其他借款费用，应当在发生时根据其发生额确认为财务费用，计入当期损益。审计人员审计时重点审查：一是对购建或生产符合资本化条件的资产而借入的款项（专门借款和一般借款），所发生的利息、溢价或折价的摊销和汇兑差额，在所购建或生产的资产达到预定可使用状态或可销售状态前发生的，应当予以资本化，计入该项资产的成本；在所购建或生产的资产达到预定可使用状态或可销售状态后发生的，于发生当期直接计入财务费用。二是对专门借款而发生的辅助费用，在所购建或生产的符合资本化条件的资产达到预定可使用状态或者可销售状态前发生的，应当在发生时根据其发生额予以资本化，直接计入所购建或生产资产的成本；在所购建或生产的符合资本化条件的资产达到预定可使用状态或者可销售状态后发生的，应当在发生时根据其发生额确认为费用，计入当期损益。对一般借款发生的辅助费用，应当在发生时根据其发生额确认为费用，计入当期损益。

思考与练习

一、判断题

1. 根据“资产-负债=所有者权益”的关系，只要资产和负债的期初余额、本期变动和期末余额都已经审查核实，就不必对所有者权益单独审计。　（　）

2. 为确定“应付债券”账户期末余额的合法性，注册会计师应直接向债权人及债券的承销人或包销人进行函证。　（　）

3. 对于任何债券的存入或取出，都要将债券名称、数量、价格及存取日期等详细记录于债券登记簿内，并由所有在场经手人员签名。　（　）

4. 由于短期借款一般较长期借款金额小、还款期限短，因此通常无需抵押，所以注册会计师一般无需审查短期借款的抵押、担保情况。　（　）

5. 所有者权益审计时，由于一般不进行符合性测试，所以，注册会计师也就不需了解企业所有者权益的内部控制，并作出评价。（　　）

6. 进行实收资本的实质性测试，注册会计师应首先检查投资者是否已按合同、协议章程约定时间缴付出资额，其出资额是否经中国注册会计师验证，已验资的，应查阅验资报告。（　　）

7. 采用权益法核算的长期股权投资，其初始投资成本大于投资时应享有被投资单位可辨认净资产公允价值份额的，不调整已确认的初始投资成本。（　　）

8. 企业向社会发行债券时，应当聘请独立的证券经营机构承销或包销，且必须与其签订承销或包销协议。（　　）

9. 对于股本明细表，无论是审计人员自行编制的，还是向被审计单位索取的，均应作为永久性档案加以长期保存。（　　）

10. 发行股票时发生的股票印刷费和委托其他单位发行股票时的手续费、佣金等，如果是溢价发行股票，各种发行费用从溢价中抵销；无溢价的，或溢价不足以支付的部分，作为长期待摊费用，在不超过 2 年的期限内平均摊销。（　　）

11. 被审计单位长期股权投资采用权益法核算时，在持股比例不变的情况下，被投资单位发生除净损益以外所有者权益的其他变动时，企业按其持股比例计算应享有的份额，增加或减少“资本公积——其他资本公积”账户的金额。（　　）

12. 对负债项目进行审计的目的主要是为了防止企业高估债务。（　　）

13. 审计人员审查公开发行股票的公司已发行的股票数量是否真实、是否已收到股款时，应向主要股东函证。（　　）

二、单项选择题

1. 企业对外投资的资产都要有完整的会计记录。在对其进行核算时，不涉及的账户有(　　)。

A. 长期股权投资　B. 持有至到期投资　C. 交易性金融资产　D. 在建工程

2. 投资活动的凭证和会计记录不包括(　　)。

A. 投资协议　B. 债券契约

C. 股东名册　D. 企业章程及其有关协议

3. 在采用成本法核算的情况下，对于长期股权投资收益的审查，审计人员应获取的审计证据是(　　)。

A. 被投资企业的利润　B. 被投资企业的股本

C. 公开印发的股利手册　D. 投资企业占被投资企业的股权比例

4. 在下列行为中，不需要办理有关资本变动法定审批手续的是(　　)。

A. 转让资本　B. 对外投资　C. 增加资本　D. 减少资本

5. 在采用权益法核算时，审计人员认可的投资收益增加的时间为(　　)。

A. 会计年度结算日　B. 投资合同确定的日期

C. 被审计单位计算投资收益时　D. 被审计单位实际收到投资收益时

6. 在投资审计中，首要目标是审查(　　)。

A. 投资是否确实存在　B. 投资会计处理是否正确

C. 投资是否为被审计单位所有　　D. 投资的增减变动记录是否完整

7. 计算投资收益占利润总额的比例，并将其与各年比较，可以看出被审计单位(　　)。

A. 投资的真实性　　B. 投资的完整性

C. 盈利能力的稳定性　　D. 投资收益正确性

8. “明确的职责分工”是筹资与投资循环内部控制目标中与(　　)相应的关键内部控制程序。

A. 存在　　B. 权利和义务　　C. 完整性　　D. 计价和分摊

9. 授权批准是筹资与投资循环内部控制目标中与(　　)相应的关键内部控制程序。

A. 存在　　B. 权利和义务　　C. 完整性　　D. 计价和分摊

10. 被审计单位发行股票发生的费用不足以抵消溢价部分，注册会计师应当建议被审计单位将其计入(　　)。

A. 资本公积　　B. 管理费用　　C. 营业外支出　　D. 长期待摊费用

11. 如果被审计单位的投资证券是委托某些专门机构代为保管的，为证实这些投资证券的真实存在，审计人员应(　　)。

A. 实地盘点投资证券　　B. 获取被审计单位管理当局声明书

C. 向代保管机构发出询证函　　D. 逐笔检查被审计单位相关会计记录

三、多项选择题

1. 注册会计师通常可以运用(　　)等方法，审查投入资本的真实存在。

A. 核对有关原始凭证和会计记录　　B. 查阅董事会会议纪要

C. 向投资者函证实缴资本额　　D. 对有关财产和实物的价值进行鉴定

2. 一般而言，投资业务内部控制的内容包括(　　)。

A. 合理的职责分工　　B. 健全的资产保管制度

C. 详尽的会计核算制度　　D. 严格的记名登记制度

3. 对应付债券的内部控制进行测试的主要内容是(　　)。

A. 企业发行债券的收入是否立即存入银行

B. 企业是否根据契约的规定支付债券利息

C. 债券入账的会计处理是否正确

D. 债券持有人明细账是否指定专人妥善保管

4. 被审计单位筹资与投资循环的特点是(　　)。

A. 交易数量较少，金额通常较大

B. 交易数量较大，金额通常较小

C. 必须遵守国家法律、法规和相关契约的规定

D. 会计处理不当将会导致重大错误，影响企业财务报表的公允性

5. 审计人员审查短期借款的增加情况时，应检查并与相关会计记录相核对的内容有(　　)。

A. 借款合同和授权批准情况　　B. 借款数额、借款日期

C. 借款利率、还款期限　　D. 金融机构的授信情况

6. 有价证券实质性程序一般包括(　　)。

A. 盘点　　B. 函证　　C. 审查投资收益　　D. 实地观察

7. 在权益法下，对于长期股权投资，注册会计师应获取的审计证据包括(　　)。

A. 公开印发的股利手册　　B. “货币资金”账户

C. “投资收益”账户　　D. 在被投资企业的股权比例

8. 注册会计师对长期借款进行实质性程序，一般应获取的审计证据包括(　　)。

A. 长期借款明细表　　B. 长期借款的合同和授权批准文件

C. 相关抵押资产的所有权证明文件

D. 重大长期借款函证回函和逾期长期借款的展期协议

9. 在(　　)情况下，经国家有关部门批准和董事会批准，可宣告减资。

A. 经营规模缩小　　B. 资本过剩

C. 对外投资比重过大　　D. 企业发生重大亏损，短期内无法弥补

10. 投资活动的内部控制测试一般包括的内容包括(　　)。

A. 了解投资内部控制制度　　B. 进行简易抽查

C. 认真分析企业投资业务管理报告　　D. 获取或编制有关明细表进行账账核对

11. 对于实收资本的减少，注册会计师应查明被审计单位是否(　　)。

A. 事先通知所有债权人，债权人无异议

B. 事先通知所有债务人，债务人无异议

C. 经股东大会决议同意，并修改公司章程

D. 减资后的注册资本不低于法定注册资本的最低限额

四、简答题

1. 投资循环中的主要业务活动有哪些？
2. 投资交易的内部控制主要包括哪些内容？
3. 投资交易和余额可能存在哪些固有风险？
4. 长期股权投资的实质性程序一般分为哪几步？
5. 筹资循环中的主要业务活动有哪些？
6. 筹资交易的内部控制主要包括哪些内容？
7. 筹资交易的内部控制测试主要包括哪些内容？
8. 筹资交易和余额可能存在哪些固有风险？
9. 短期借款的实质性程序一般分为哪几步？
10. 注册会计师如何对借款费用实施审计？
11. 实收资本的实质性程序一般分为哪几步？

五、实务题

1. 河南洛阳春都集团公司曾引领中国火腿肠产业从无到有，市场占有率最高达70%以上，资产达29亿元。然而，仅仅经历几年短暂的辉煌，这家明星企业便跌入低谷。如今春都上百条生产线全线告停，企业亏损高达6.7亿元，并且欠下13亿元的巨额债务。

春都之所以这样，一个重要原因就是企业盲目投资、盲目扩张。春都集团的前身是洛阳肉联厂，主要从事生猪收购和屠宰。在企业负责人的果断决策下，1987 年 8 月，中国第一根被命名为“春都”的火腿肠在这里诞生，并迅速受到市场青睐，销售额从最初的 2 亿元猛增到 20 亿元，年创利润 2 亿多元。春都狂飙突进带动了整个火腿肠产业在国内迅速崛起，并迅速形成了强大的产业群体优势。

当地政府要求春都尽快“做大做强”，于是春都集团的经营者在金融机构的支持下，1988 年以来，先后兼并了洛阳食品公司等企业 11 家，全资收购郑州群康制药厂等 6 家，与此同时，先后对河南思达科技集团等 24 家企业进行参股或控股，使集团员工从 1 000 来人很快突破了 1 万人。在金融机构的鼎力支持下，数亿元资金像胡椒面一样被春都撒向这些企业。通过几年的扩张，春都资产平均每年以近 6 倍的速度递增，由 1987 年的 3 950 万元迅速膨胀到 29.69 亿元。由于战线过长，春都兼并和收购的 17 家企业中，半数以上亏损，近半数关门停产；对 20 多家企业参股和控股的巨大投资也有去无回。扩张不但没有为春都带来多少收益，还使企业背上了沉重的包袱。

要求：请对春都集团的投资内部控制制度进行分析。

2. 嘉禾公司主要从事小型电子消费品的生产和销售，注册会计师张兰负责审计嘉禾公司 2013 年度财务报表。张兰在审计工作底稿中记录了所了解的嘉禾公司情况及其环境，部分内容摘录如下：

（1）经董事会批准，嘉禾公司于 2013 年 12 月 1 日与乙公司股东达成协议，以 1 800万元受让乙公司 20% 的股权，并付讫股权受让款。2014 年 1 月 25 日，嘉禾公司向乙公司派出一名董事（丙公司共有 5 名董事）参与其生产经营决策。

（2）根据嘉禾公司与丙银行签订的贷款框架协议，丙银行自 2013 年 1 月至 2014 年 1 月向嘉禾公司提供累计金额不超过 20 000 万元的流动资金贷款额度。2014 年 1 月，丙银行终止与嘉禾公司的贷款协议。出口订单数量和销售收入大幅减少。嘉禾公司正在寻求维持日常经营活动所需的资金来源，但尚未取得实质性进展。

要求：请逐项判断上述所列事项是否可能表明存在重大错报风险。如果认为存在，简要说明理由，并分别说明该风险是属于财务报表层次还是认定层次。如果认为属于认定层次，指出相关事项主要与哪些账户的哪些认定相关。

3. 注册会计师丁颖审计南方公司应付债券时，发现南方公司发行 5 年期的公司债券。债券契约规定，凡违反契约内条款，所有公司债券立即自动到期。丁颖检查契约包括以下条款：

（1）南方公司保持不低于 2∶1 的流动比率，如果低于该比率，下一年度中，公司高级管理人员的工资不应高于 100 万元。

（2）南方公司应为公司债券担保的财产，按其实际价值投保火灾险，保险单应委托他人保管。

（3）南方公司提供担保的财产，按规定需要及时缴纳的税款，交税单应委托他人保管。

要求：请指出注册会计师应实施哪些审计程序以证实本年度该公司没有违反债券

契约。若存在违反规定的事项，应采取何种措施？

六、编制工作底稿题

1. 南方公司 2013 年主要从华夏银行取得短期借款，其短期借款明细资料见表 12-1。

表 12-1 **南方公司 2013 年短期借款明细资料**

贷款银行	借款期限		期初余额		本期增加		本期归还		期末余额	本期应计利息（元）	本期实计利息（元）	差异	借款条件	借款用途
	借款日	约定还款日	利率（%）	本金（万元）	利率（%）	本金（万元）	提前归还日期	本金（万元）	本金（万元）					
华夏银行河西支行	2012-04-05	2013-03-05	5.02200	2 000				2 000		175 770	175 770		信用借款	流动资金使用
	2012-05-15	2013-04-25	5.26500	3 000				3 000		500 175	500 175			
	2013-03-06	2014-02-21			5.50800	2 000			2 000	924 120	924 120			
	2013-04-24	2014-04-24			5.75100	2 000			2 000	805 140	805 140			
	2013-05-25	2014-04-24			5.26500	2 000	2013-07-24	2 000		187 500	187 500			
	小计			5 000		6 000		7 000	4 000	2 592 705	2 592 705			

要求：

（1）注册会计师丁颖于 2014 年 1 月 25 日完成了对短期借款的测试，无调整事项。请指出注册会计师丁颖对南方公司的短期借款明细表实施了哪些审计程序。

（2）请代注册会计师丁颖编制南方公司利息分配检查表（见表 12-2）的部分内容。（索引号为 FA3，复核人为注册会计师赵辉，复核日期为 2014 年 1 月27 日）

（3）请代注册会计师丁颖编制南方公司短期借款检查情况表（见表 12-3）的部分内容。（索引号为 FA4，复核人为注册会计师赵辉，复核日期为 2014 年 1 月 27 日）

（4）请代注册会计师丁颖编制南方公司短期借款审定表（见表 12-4）的部分内容。（索引号为 FA1，复核人为注册会计师赵辉，复核日期为 2014 年 1 月 27 日）

表 12-2 **利息分配检查表**

被审计单位：____________ 索引号：____________

项目：____________ 财务报表截止日/期间：____________

编制：____________ 复核：____________

日期：____________ 日期：____________

项目名称	实际利息	利息（实际利息）分配数					核对是否正确	差异原因
		财务费用	在建工程	制造费用	研发支出	合计		
合计								

表 12-3

短期借款检查情况表

被审计单位：__________　　索引号：__________
项目：__________　　财务报表截止日/期间：__________
编制：__________　　复核：__________
日期：__________　　日期：__________

记账日期	凭证编号（略）	业务内容	对应科目	金额	核对内容（用“√”、“×”表示）					备注
					①	②	③	④	⑤	
3 月 6 日		还华夏银行短期借款								
4 月 27 日		还华夏银行短期借款								
3 月 8 日		收华夏银行短期借款								
4 月 25 日		收华夏银行短期借款								
5 月 27 日		收华夏银行短期借款								
核对内容说明：①原始凭证是否齐全；②记账凭证与原始凭证是否相符；③账务处理是否正确；④是否记录于恰当的会计期间；⑤是否经过授权审批。										

审计说明：

我们在银行函证回函短期借款相关信息正确无误的基础上，检查南方公司短期借款 2013 年度新增银行借款以及还款情况相关的原始凭证，并与相关会计记录进行核对。经检查，短期借款可以确认。

表 12-4

短期借款审定表

被审计单位：__________　　索引号：__________
项目：__________　　财务报表截止日/期间：__________
编制：__________　　复核：__________
日期：__________　　日期：__________

项目名称	本期未审数	账项调整		本期审定数	上期审定数
		借方	贷方		
信用借款					
抵押借款					
质押借款					
保证借款					
合计					

审计结论：

2. 南方公司2013年实收资本明细资料见表12–5。

表12–5

南方公司2013年实收资本明细表

单位：元

股东名称	期初余额	本期增加额	本期减少额	期末余额	备注
甲公司	55 000 000. 00			55 000 000. 00	
乙公司	19 000 000. 00			19 000 000. 00	
丙公司	21 000 000. 00			21 000 000. 00	
丁公司	46 000 000. 00			46 000 000. 00	
合计	141 000 000. 00			141 000 000. 00	

要求：

（1）注册会计师于美美于2014年1月26日完成了对实收资本的测试，无调整事项。请指出注册会计师对南方公司的实收资本明细表实施了哪些审计程序。

（2）请代注册会计师于美美编制南方公司实收资本（股本）审定表（见表12–6）的部分内容。（索引号为QA1，注册会计师赵辉于2014年1月28日进行复核）

表12–6

实收资本（股本）审定表

被审计单位：________________　　索引号：________________

项目：________________　　财务报表截止日/期间：________________

编制：________________　　复核：________________

日期：________________　　日期：________________

股东名称	本期未审数	账项调整		重分类调整		本期审定数	上期审定数（略）
		借方	贷方	借方	贷方		
甲公司							
乙公司							
丙公司							
丁公司							
合计							

审计结论：

第 13 章

货币资金审计

学习目的与要求

本章主要学习货币资金与交易循环的关系、货币资金内部控制的基本内容、库存现金和银行存款的控制测试、库存现金和银行存款审计的目标及其实质性程序。通过本章学习，明确货币资金与各交易循环中的业务活动存在着密切的关系，了解货币资金内容控制的基本内容，掌握对库存现金和银行存款执行控制测试的程序，明确库存现金和银行存款审计的目标，掌握对其执行实质性程序的基本步骤。

重点、难点解析

一、重点解析

本章学习的重点是监盘库存现金。学习时，应注意把握以下几点：

1. 明确盘点的重要性。盘点库存现金是证实资产负债表所列库存现金是否存在的一项重要程序，并由注册会计师进行监盘。

2. 明确盘点范围。盘点范围通常包括对已收到但未存入银行的现金、零用金、找换金等的盘点。

3. 明确参盘人员。盘点库存现金的人员应视被审计单位的具体情况而定，但必须有出纳员和被审计单位会计主管人员参加。

4. 掌握好盘点的时间。对库存现金的监盘最好实施突击性的检查，时间最好选择在上午上班前或下午下班时进行。

5. 注意同时盘点的问题。如企业库存现金存放部门有两处或两处以上者，应同时进行盘点。

6. 资产负债表日后对库存现金进行盘点时，应将其调整至资产负债表日的金额。

二、难点解析

本章的难点是函证银行存款余额。学习时，应注意把握以下几点：

1. 明确函证银行存款余额的重要性。

《中国注册会计师审计准则第 1312 号——函证》第 12 条规定："注册会计师应当对银行存款（包括零余额账户和在本期内注销的账户）及与金融机构往来的其他重要信息实施函证程序，除非有充分证据表明某一银行存款、借款及与金融机构往来的其他重要信息对财务报表不重要且与之相关的重大错报风险很低。"

通过向往来银行函证，注册会计师不仅可以了解被审计单位资产的存在情况，而且还可以了解被审计单位所欠银行的债务，发现被审计单位未登记的银行负债，以及被审计单位应披露的或有负债等。

2. 函证银行存款余额应注意的问题。

(1) 一般而言，即便注册会计师从被审计单位内部获取了银行对账单，仍需向被审计单位的开户银行进行函证。

(2) 为了防止被审计单位隐瞒银行存款或借款，对于零余额账户和在本期内注销的账户，注册会计师也应当实施函证。

(3) 注意掌握银行询证函的内容和编写方法。

思考与练习

一、判断题

1. 货币资金审计与其他交易循环审计存在着密切的联系。一些最终影响货币资金的错误只有对销售、采购、筹资和投资等交易循环的审计测试中才会被发现。 ( )

2. 若被审计单位财会人员较少时，出纳员可以兼任债权债务账目的登记工作。 ( )

3. 企业对于重要货币资金支付业务，应当实行集体决策和审批，并建立责任追究制度。 ( )

4. 被审计单位因特殊情况需坐支现金的，应事先报经开户银行审查批准。 ( )

5. 企业应当指定专人定期核对银行账户，每月至少核对两次。 ( )

6. 审查结算日银行存款余额调节表是为了证实资产负债表中所列的“货币资金”项目中包含的银行存款是否存在。 ( )

7. 若被审计单位短期借款账户的余额为零，则注册会计师一般不对其实施函证。 ( )

8. 一年以上的定期银行存款或限定用途的存款，不属于企业的银行存款，应列于其他资产类下。 ( )

9. 注册会计师如果从被审计单位内部获取了银行对账单，则无必要再对银行存款实施函证。 ( )

10. 被审计单位资产负债表中“货币资金”项目中包含的银行存款数额，应以编制或取得银行存款余额调节表日银行存款账户数额为准。 ( )

11. 企业对于货币资金业务应当建立严格的授权批准制度，但如有特殊情况，也可以越权审批。 ( )

二、单项选择题

1. 以下对货币资金业务内部控制的要求中，( )与银行存款无直接关系。

A. 按月盘点现金，以做到账实相符　　B. 当日现金收入及时送存银行

C. 加强对货币资金业务的内部审计　　D. 收支与记账岗位分离

2. 在对库存现金进行盘点时，时间最好选择在上午上班前或下午下班时进行，

主要是为了便于证实(　　)。

A. 真实性　　B. 准确性　　C. 截止　　D. 完整性

3. 向开户银行函证，可以证实若干项目标，其中最基本的目标是(　　)。

A. 银行存款真实存在　　B. 是否有欠银行的债务

C. 是否有漏列的负债　　D. 是否有充作抵押担保的存货

4. 如果在资产负债表日后对库存现金进行盘点，应当根据盘点数、资产负债表日至(　　)的现金数，倒推计算资产负债表上所包含的现金数是否正确。

A. 审计报告日　　B. 资产负债表日　　C. 盘点日　　D. 外勤工作结束日

5. 如果注册会计师已经从被审计单位内部获得了银行对账单，则(　　)。

A. 不需再向银行函证　　B. 仍需再向银行函证

C. 复核银行对账单　　D. 可根据实际需要，确定是否向银行函证

6. 下列项目中，不在资产负债表中的“货币资金”项目反映的是(　　)。

A. 库存现金　　B. 银行本票存款

C. 银行存款　　D. 一年以上的定期存款

7. 注册会计师通过盘点库存现金所取得的审计证据属于(　　)。

A. 环境证据　　B. 书面证据　　C. 实物证据　　D. 口头证据

8. 函证银行存款不能实现的目标是(　　)。

A. 确定被审计单位银行存款使用的合法性

B. 了解银行存款的存在

C. 了解被审计单位欠银行的债务

D. 发现被审计单位未登记的银行借款

9. 注册会计师在对财务报表进行审计时，观察了被审计单位货币资金业务的岗位分工情况，这一程序所属的测试类型为(　　)。

A. 控制测试　　B. 实质性程序　　C. 细节测试　　D. 分析程序

10. 注册会计师为证实资产负债表中“货币资金”项目中包含的现金是否真实存在，下列程序中必须执行的是(　　)。

A. 编制现金预算　　B. 监盘库存现金

C. 函证银行存款余额　　D. 取得并审查银行存款余额调节表

11. 监盘库存现金是注册会计师证实资产负债表日所列现金是否存在的一项重要程序，被审计单位必须参加盘点的人员是(　　)。

A. 会计主管人员和内部审计人员　　B. 出纳员和会计主管人员

C. 现金出纳员和单位负责人　　D. 出纳员和内部审计人员

12. 可以实现库存现金账实相符的最有效的内部控制程序是(　　)。

A. 定期核对总账和日记账　　B. 定期盘点库存现金

C. 定期和不定期盘点库存现金　　D. 指定专人定期核对银行账户

三、多项选择题

1. 为了做到银行存款在财务报表上的正确截止，对于以下未达账项中的(　　)，注册会计师应当要求被审计单位编制会计分录进行调整。

A. 银行已付，企业未入账的支出　B. 银行已收，企业未入账的收入
C. 企业已付，银行未入账的支出　D. 企业已收，银行未入账的收入

2. 企业应当按照规定的程序办理货币资金支付业务，这些程序包括(　　)。
A. 支付申请　B. 支付审批　C. 办理支付　D. 支付复核

3. 下列审计程序中，属于证实银行存款存在的重要程序有(　　)。
A. 盘点库存现金　B. 审查银行存款余额调节表
C. 函证银行存款余额　D. 审查银行存款收支截止的正确性

4. 下列属于库存现金实质性程序的有(　　)。
A. 盘点库存现金　B. 库存现金的控制测试
C. 检查现金收支的正确截止　D. 抽查大额现金收支

5. 下列属于银行存款实质性程序的有(　　)。
A. 审查银行存款余额调节表　B. 函证银行存款余额
C. 检查银行存款收支的正确截止　D. 银行存款的控制测试

6. 出纳人员不得兼任的工作有(　　)。
A. 会计档案保管　B. 收入支出账目的登记
C. 债权债务账目的登记　D. 稽核

7. 货币资金监督检查的内容主要包括(　　)。
A. 检查是否存在货币资金业务不相容职务混岗的现象
B. 检查货币资金支出的授权批准手续是否健全
C. 检查支付款项印章的保管情况
D. 检查票据的保管情况

8. 下列关于注册会计师监盘库存现金的做法中，你认为不恰当的有(　　)。
A. 在监盘的前一天通知公司做好监盘准备
B. 监盘时间定在下午下班时进行
C. 监盘时，出纳员把现金放入保险柜，并将已办妥现金收付手续的交易登入库存现金日记账，并结出账面余额
D. 由注册会计师当场盘点现金，并填写“库存现金盘点表”

9. 下列资料中，能够证实银行存款是否存在的有(　　)。
A. 银行存款总账　B. 银行存款日记账
C. 对开户银行询证函的回函　D. 银行存款进账单

10. 下列项目中属于银行询证函内容的有(　　)。
A. 银行存款的账号、币种、期限、余额　B. 银行借款的期限、币种、利率、余额
C. 是否通过抵押取得借款　D. 是否通过担保取得借款

四、简答题

1. 为什么说货币资金与交易循环有密切的联系？
2. 货币资金内部控制主要包括哪些内容？
3. 库存现金控制测试的程序有哪些？
4. 银行存款控制测试的程序有哪些？

5. 库存现金的审计目标有哪些?
6. 库存现金的实质性程序一般分为几步?
7. 注册会计师如何对库存现金实施监盘?
8. 银行存款的审计目标有哪些?
9. 银行存款的实质性程序一般分为几步?
10. 注册会计师如何函证银行存款余额?

五、实务题

1. 2014 年 1 月 10 日上午 8 时，注册会计师张梅对 ABC 公司的库存现金进行突击盘点，盘点情况如下：

(1) 现钞：100 元币 10 张，50 元币 13 张，10 元币 16 张，5 元币 19 张，1 元币 69 张，5 角币 30 张，1 角币 80 张，硬币 5 角 8 分。现钞总计 1 997. 58 元。

(2) 已收款尚未入账的收款凭证 3 张，计 130 元。

(3) 已付款尚未入账的付款凭证 5 张，计 520 元，其中有马明借条一张，日期为 2013 年 7 月 15 日，余额 200 元，未经批准和说明用途。

(4) 盘点日库存现金账面余额为 1 890. 20 元，2014 年 1 月 1 日至 2013 年 1 月 10 日收入现金 4 560. 16 元，支出现金 4 120 元，2013 年 12 月 31 日库存现金账面余额为 1 060. 04元。

要求：

(1) 根据资料计算库存现金盈亏，并推算 2013 年 12 月 31 日库存现金实存额。

(2) 指出 ABC 公司在库存现金管理中存在的问题，并提出处理意见。

2. 注册会计师李军在审查 ABC 公司“库存现金日记账”时，发现 5 月 24 日现付字78 #凭证摘要为“付拆除 K 型机器劳务费”，金额为 400 元，但在“库存现金日记账”和“银行存款日记账”中却没有发现相应的清理收入，怀疑该公司可能将报废固定资产的清理收入转入“小金库”。

注册会计师李军首先调出现付字 78 #记账凭证，其原始凭证为一张经领导批准的“支付给顺义的 K 型机器拆除费 400 元”的白条，其会计分录为：

借：管理费用——拆除费	400	
贷：库存现金		400

审查固定资产明细账，发现 5 月 27 日转字 80 #凭证的摘要栏注明“报废 K 型设备”字样，调出转字 80 #凭证，该凭证的分录为：

借：累计折旧	70 000	
营业外支出	40 000	
贷：固定资产——K 型设备		110 000

注册会计师李军分析，报废一台价值 11 万元、并且半成新的设备，必定有清理收入，决定进一步追踪调查。询问该设备的保管员，保管员供认该项设备已运往郊区的某乡镇企业。与该乡镇企业核实，该设备系于 5 月 28 日从 ABC 公司以 5 万元现金购入，有该公司财务科开出的白条收据。注册会计师李军在取证后，向 ABC 公司提出上述问题，财务经理供认不讳。

要求：指出存在的问题，并作出相应的账务调整分录。

3. 注册会计师王英对ABC公司2013年12月31日的资产负债表进行审计。在审查资产负债表“货币资金”项目时，发现该公司2013年12月31日的银行存款数为33 500元，银行存款账面余额为35 000元，派助理人员向开户银行取得对账单一张，2013年12月31日的银行对账单存款余额为42 000元。另外，查有下列未达账款和记账差错：

（1）12月24日公司送存转账支票5 800元，银行尚未入账。

（2）12月26日公司开出转账支票5 300元，持票人尚未到银行办理转账手续。

（3）12月28日委托银行收款10 300元，银行已收妥入账，但收款通知尚未到达该公司。

（4）12月30日银行代付水费3 150元，但银行付款通知单尚未到达该公司。

（5）12月16日收到银行收款通知单金额为3 850元，公司入账时将银行存款增加错记成3 500元。

要求：根据上述资料，编制银行存款余额调节表（见表13-1），核实2013年12月31日资产负债表上“货币资金”项目中银行存款数额的正确性。

表13-1　　　　银行存款余额调节表

编制单位：　　　　　　　年　月　日

项　目	金　额	项　目	金　额
企业银行存款日记账余额 加：银行已收款入账而企业尚未收款入账的款项 企业记账差错数 减：银行已付款入账而企业尚未付款入账的款项		开户银行对账单余额 加：企业已收款入账而银行未收款入账的款项 减：企业已付款入账而银行未付款入账的款项	
调节后的存款余额		调节后的存款余额	

4. 注册会计师张梅在2013年3月4日检查了M公司2月份银行存款日记账的收支业务并与银行对账单核对。2月28日银行对账单余额为223 546元，银行存款日记账余额为220 000元，核对后发现有下列不符情况：

（1）2月8日，银行对账单上收到外地汇款8 500元（查系外地某乡镇企业），但日记账上无此记录。

（2）2月22日，对账单上有存款利息460元，日记账上为454元（查系记账凭证写错）。

（3）2月25日，对账单付出8 500元（查系转账支票），但日记账无此记录。

（4）2月26日，日记账上付出40元，对账单上无此记录（查系记账员误记）。

（5）2月28日，日记账上有存入转账支票4 000元，但对账单上无此记录。

（6）2月28日，日记账上有付出转账支票2 000元，但对账单上无此记录。

（7）对账单有2月28日收到托收款5 500元，但日记账无此记录。

要求：

（1）根据上述资料编制银行存款余额调节表。

（2）指出该公司银行存款管理上存在的问题。

5. 2013 年 3 月 10 日，M 公司从 N 公司购入钢材 20 吨，金额 120 000 元，用汇票结算，该公司收到货后根据 N 公司出具的发票作了如下账务处理：

借：原材料——钢材　　120 000

　　应交税费——应交增值税（进项税额）　　20 400

　贷：银行存款　　140 400

为了促进销售，N 公司决定实行商品销售折扣战略，按购价的 5% 折扣，退给 M 公司折扣款 6 000 元，并于 3 月 16 日通过银行汇入该公司开户行。该公司会计人员李某认为有机可乘，欲侵吞此折扣款。于是，便将银行汇款单及相关单据销毁。2013 年 3 月 17 日，又开出现金支票将此款支取，入个人私囊，月末，将 3 月份的银行对账单销毁，以逃避检查。

注册会计师在对银行存款进行审查时，首先对审查日的银行存款日记账的账面余额与银行对账单进行调整，验证银行对账单余额同公司银行存款日记账余额相符。随后，注册会计师又将公司银行存款日记账与银行对账单进行逐笔核对，在搜集对账单时，发现缺少了 3 月份的对账单，于是便到银行复印了一份，经核对发现 3 月 16 日的一笔6 000元的银行收入未入账，同时又发现公司于次日开出一张支票提出现金6 000元未入账，一收一付金额相等，均未记入公司的银行存款日记账。针对这一贪污嫌疑，对李某进行询问，李某如实交代了自己的问题。

要求：根据以上情况，指出应采取的防范措施。

六、编制工作底稿题

1. ABC 公司 2013 年 12 月 31 日货币资金未审数为 4 263 765. 86 元（其中，库存现金为 265. 86 元，银行存款为 4 263 500 元），注册会计师李军于 2014 年 1 月 23 日完成了对其的审计。李军认为：库存现金 265. 86 元可以确认；银行存款经调整后可以确认，调整数为借方 30 000 元、贷方 50 000 元。

要求：请你代注册会计师李军编制货币资金审定表（见表 13-2）（索引号为 ZA1，复核人为张梅，复核日期为 2014 年 1 月 24 日）。

表 13-2　**货币资金审定表**

被审计单位：________	索引号：________
项目：________	财务报表截止日/期间：________
编制：________	复核：________
日期：________	日期：________

项目名称	本期未审数	账项调整		重分类调整		本期审定数	上期审定数（略）
		借方	贷方	借方	贷方		
库存现金							
银行存款							
其他货币资金							
合计							

审计结论：

2. ABC 公司 2013 年 12 月 31 日与银行存款相关的资料见表 13-3。

表 13-3 **银行存款相关资料** 单位：元

开户行	账号	银行存款日记账余额
工行解放路支行	213400×	2 487 975.68
建行和平路支行	340020×	4 549 246.87
中行江南路支行	610181×	3 652 974.05

注册会计师李军于 2014 年 1 月 20 日取得了银行对账单，并将其与银行存款日记账进行了核对，未发现调整事项，两者相符。

要求：请你代注册会计师李军编制银行存款（其他货币资金）明细表（见13-4）（索引号为 ZA3，复核人为张梅，复核日期为 2014 年 1 月 21 日）。

表 13-4 **银行存款（其他货币资金）明细表**

被审计单位：________ 索引号：________

项目：________ 财务报表截止日/期间：________

编制：________ 复核：________

日期：________ 日期：________

开户行	账号	是否系质押、冻结等对变现有限制或存在境外的款项	银行存款日记账余额（原币） ①	银行已收，企业未入账金额 ②	银行已付，企业未入账金额 ③	调整后银行存款日记账余额 ④=①+②-③	银行对账单余额（原币） ⑤	企业已收，银行未入账金额 ⑥	企业已付，银行未入账金额 ⑦	调整后银行对账单余额 ⑧=⑤+⑥-⑦	调整后是否相符
合计											

编制说明：略

3. ABC 公司 2013 年银行存款日记账的部分内容见表 13-5。

表 13-5 **ABC 公司 2013 年银行存款日记账的部分内容** 单位：元

2013 年		凭证		摘要	结算凭证		对应科目	收入	支出	结余
月	日	字	号		种类	编号				
3	1	银收	0586#	收货款	略	略	应收账款	126 368.60		略
5	8	银付	1360#	付电费	略	略	应付账款		64 358.50	略
7	16	银收	0986#	收工行利息	略	略	财务费用	15 863.45		略

注册会计师李军于 2014 年 1 月 18 日将表 13-5 中的内容进行相关核对后认为

无不符事项。

要求：请你代李军编制货币资金收支检查情况表（见表 13-6）（索引号为 ZA7，复核人为张梅，复核日期为 2014 年 1 月 19 日）

表 13-6　　　　　　　　　　**货币资金收支检查情况表**

被审计单位：________	索引号：________
项目：________	财务报表截止日/期间：________
编制：________	复核：________
日期：________	日期：________

记账日期	凭证字号	业务内容	对应科目	金额	核对内容（用“√”、“×”表示）				备注
					①	②	③	④	
核对内容说明：①原始凭证是否齐全；②记账凭证与原始凭证是否相符；③账务处理是否正确；④是否记录于恰当的会计期间。									
对不符事项的处理：									

审计说明：

（略）

4. ABC 公司在工行解放路支行开有账户，账号为 213400×，截至 2013 年 12 月 31 日，银行存款日记账余额为 2 487 975.68 元。2014 年 1 月 16 日晋审会计师事务所的注册会计师李军决定对其实施函证。

要求：请你代李军编制一份银行询证函（索引号为 ZA6，编号为 001）。

综合实训一

注册会计师李玲负责对ABC公司2013年度财务报表进行审计。相关资料如下：

资料一：ABC公司主要从事甲产品的生产和销售，无明显产销淡旺季。产品销售采用赊销方式，正常信用期为20天。

在甲产品生产成本中，H原材料成本占重大比重。H原材料在2013年的年初、年末库存均为零。甲产品的发出计价采用移动加权平均法。

资料二：2013年度，ABC公司所处行业的统计资料显示，生产甲产品所需H原材料主要依赖进口，汇率因素导致H原材料采购成本大幅上涨；替代产品面市使甲产品的市场需求减少，市场竞争激烈，导致销售价格明显下跌。

资料三：ABC公司2013年度未经审计财务报表及相关账户记录反映：

（1）甲产品2012年度和2013年度的销售记录。

产品名称	2013年度（未审数）			2012年度（已审数）		
	数量（吨）	营业收入（万元）	营业成本（万元）	数量（吨）	营业收入（万元）	营业成本（万元）
甲产品	450	25 000	20 000	400	20 000	17 000

（2）甲产品2013年度收发存记录。

日期及摘要	入库			出库			库存		
	数量（吨）	单价（万元）	金额（万元）	数量（吨）	单价（万元）	金额（万元）	数量（吨）	单价（万元）	金额（万元）
年初余额							0	0	0
1月3日入库	40	60	2 400				40	60	2 400
1月4日出库				35	60	2 100	5	60	300
2月9日入库	40	55	2 200				45	55.56	2 500
略									
11月30日出库				40	45.25	1 830	40	45.75	1 830
12月2日入库	40	48	1 920				75	50	3 750
12月9日出库				70	50	3 750	0	0	0
年末余额							0	0	0

（3）与销售甲产品相关的应收账款变动记录

日期及摘要	借方（万元）	贷方（万元）	余额（万元）
2013 年年初余额			1 500
2013 年 1 月 2 日收款		1 350	150
2013 年 1 月 4 日赊销	2 500		2 650
略			
2013 年 11 月 30 日收款		1 250	300
2013 年 12 月 9 日赊销	4 500		4 800
2013 年年末余额			4 800
2014 年年初余额			4 800
2014 年 1 月 25 日赊销	1 500		6 300
2014 年 1 月 31 日余额			6 300

要求：

1. 根据上述资料，假定不考虑其他条件，运用分析程序识别 ABC 公司 2013 年度财务报表是否存在重大错报风险，并列示分析过程和分析结果。

2. 在要求 1 的基础上，如果 ABC 公司 2013 年度财务报表存在重大错报风险，指出重大错报风险主要与哪些财务报表项目的哪些认定相关，并将答案填入下表：

财务报表项目	认　定

3. 假定 ABC 公司存在财务报表层次重大错报风险，作为审计项目负责人，注册会计师李玲应当考虑采取哪些总体应对措施？

4. 假定评估的 ABC 公司财务报表层次重大错报风险属于高风险水平，注册会计师李玲拟实施进一步审计程序的总体方案通常更倾向于何种方案？

5. 针对评估的财务报表层次重大错报风险，在选择进一步审计程序时，注册会计师李玲可以通过哪些方式提高审计程序的不可预见性？

6. 假定 ABC 公司 2013 年度财务报表存在舞弊导致的认定层次重大错报风险，注册会计师李玲应当考虑采用哪些方式予以应对？

7. 根据上述资料，假定不考虑其他因素，在审计 ABC 公司 2013 年度财务报表时，如果对销售实施截止测试，指出注册会计师李玲应当以检查何种文件记录为起点安排审计路径，并简要说明理由。

综合实训二

华伟公司主要从事小型电子消费品的生产和销售，产品的销售以华伟公司仓库为交货地点。华伟公司日常交易采用自动化信息系统（以下简称系统）和手工控制相结合的方式。注册会计师张敏和王庆负责审计华伟公司2013年度财务报表。

资料一：张敏和王庆在审计工作底稿中记录了所了解的华伟公司情况及其环境，部分内容摘录如下：

（1）由于2012年销售业绩未达到董事会制定的目标，华伟公司于2013年2月更换了公司负责销售的副总经理。

（2）华伟公司主要产品的销售模式在2013年发生了变化。2013年之前采用代销模式，在代理商对外销售相关产品后，华伟公司根据代销清单以低于建议零售价7%的出厂价向代理商开具代销产品的销售发票，代理商有权退回未对外销售的产品。2013年年初开始改为经销模式，即由经销商（大部分是原先的代理商）以较优惠的出厂价（平均低于建议零售价13%）买断相关产品，华伟公司向经销商发货即开具销售发票，经销商不再享有退回未销售产品的权利（产品质量原因除外）。2013年，华伟公司主要原材料价格平均上涨约5%，但主要产品建议零售价与上年基本相同。

（3）华伟公司主要竞争对手于2013年年末纷纷推出降低促销活动。为了巩固市场份额，华伟公司于2014年元旦开始全面下调了主要产品的建议零售价，不同规格的主要产品降价幅度从5%到20%不等。

（4）2013年年初，华伟公司将房屋建筑物折旧年限由25年到35年变更为20年到35年，机器及其他设备折旧年限由8年到12年变更为8年到10年。残值率仍为3%。

（5）华伟公司于2013年7月完工投入使用的一个仓库被有关部门认定为违章建筑，被要求在2014年6月底前拆除。

（6）2013年年初，华伟公司启用新财务信息系统，并计划同时使用原系统6个月。由于同时运行两个系统对华伟公司相关部门人员的工作量影响很大，2个月后，华伟公司决定提前停用原系统。

（7）2013年年末，华伟公司的母公司宣布在未来2年内将逐步增加对华伟公司的投资。

资料二：张敏和王庆在审计工作底稿中记录了所获取的华伟公司财务数据，部分内容摘录如下：

单位：万元

项目	2013 年度	2012 年度
营业收入	64 880	58 680
营业成本	55 440	46 730
⋮		
存货账面原价	8 892	8 723
减：存货跌价准备	370	480
存货账面价值	8 522	8 243

单位：万元

项目	2013 年年初数	本年增加	本年减少	2013 年年末数
固定资产原值				
房屋建筑物	4 461	150	0	4 611
机器及其他设备	5 589	230	177	5 642
合计	10 050	380	177	10 253
累计折旧				
房屋建筑物	2 031	140	0	2 171
机器及其他设备	3 007	516	167	3 356
合计	5 038	656	167	5 527
固定资产减值准备	0	0	0	0
⋮				
固定资产账面价值	5 012	380	666	4 726

资料三：张敏和王庆在审计工作底稿中记录了所了解的有关销售与收款循环、存货与仓储循环的控制，部分内容摘录如下：

（1）销售部门在批准经销商的订货单后编制发货通知单交仓库和会计部门。仓库根据发货通知单备货，在货物装运后编制出库单交销售部门、会计部门和运输部门。会计部门根据发货通知单和出库单在系统中手工录入相关信息并开具销售发票，系统自动生成确认主营业务收入的会计分录并过入相应的账簿。销售部门每月月末与仓库核对发货通知单和出库单，并将核对结果交销售部经理审阅。

（2）系统每月月末根据汇总的产成品销售数量及各产成品的加权平均单位成本自动计算主营业务成本，自动生成结转主营业务成本的会计分录并过入相应的账簿。

（3）会计部门每月月末编制存货的结存成本及可变现净值汇总表，将结存成本低于可变现净值的部分确认为存货跌价准备。

资料四：张敏和王庆对销售与收款循环、存货与仓储环的控制实施测试，并在审计工作底稿中记录了测试情况，部分内容摘录如下：

（1）从华伟公司主营业务收入明细账中选取2013年12月份的1笔交易，注意到相应记账凭证只附有若干销售发票记账联。财务人员解释，在审核出库单并据以开具销售发票后，已在销售发票的记账联上注明出库单号，并将连续编号的出库单另外装订存档。审计人员选取了1张注有2个出库单号的销售发票记账联，在出库单存档记录里找到了相应的出库单。出库单日期分别为12月14日和12月16日，销售发票日期为12月16日。

（2）在抽样追踪2013年11月份10个主要产品的主营业务成本在系统中的结转过程时，注意到有2笔主营业务成本的金额存在手工录入修改痕迹。财务人员解释，由于新系统的相关数据模块运行不够稳定，部分产成品的加权平均单位成本的运算结果有时存在误差，因此采用手工录入方式予以修正，并且只有财务经理有权在系统中录入修正数据。审计检查了相关样本的手工修正后的产成品加权平均单位成本，没有发现差异。

（3）检查了2013年9月末产成品成本及可变现净值汇总表，发现其中的产成品成本数据与2013年9月末产成品成本账面余额稍有差异。财务人员解释，该差异是在编制完成9月末产成品成本及可变现净值汇总表后，根据仓库上报的第三季度末盘点结果调整部分成品账面余额所致。

要求：

1. 针对资料一（1）至（7）项，结合资料二，假定不考虑其他条件，逐项指出资料一所列事项是否可能表明存在重大错报风险。如果认为存在，简要说明理由，并分别说明该风险属于财务报表层次还是认定层次。如果认为属于认定层次，指出相关事项主要与哪些财务报表项目的哪些认定相关。将答案填入下表。

事项序号	是否可能表明存在重大错报风险	理　由	重大错报风险属于财务报表层次还是认定层次	财务报表项目及相关认定
（1）				
（2）				
（3）				
（4）				
（5）				
（6）				
（7）				

2. 针对资料三（1）至（3）项，逐项指出上述控制主要与哪些财务报表项目的哪些认定相关。将答案填入下表。

事项序号	财务报表项目	认定
（1）		
（2）		
（3）		

3. 针对资料三（1）至（3）项，假定不考虑其他条件，逐项判断上述控制在设计上是否存在缺陷。如果存在缺陷，分别予以指出，并简要说明理由，提出改进建议。将答案填入下表。

事项序号	是否存在缺陷（是/否）	缺陷描述	理由	改进建议
(1)				
(2)				
(3)				

4. 针对资料四（1）至（3）项，假定不考虑其他条件以及资料三中可能存在的控制设计缺陷，逐项指出上述测试结果是否表明相关内部控制得到有效执行。如果表明相关内部控制未能得到有效执行，简要说明理由。将答案填入下表。

事项序号	是否得到有效的执行（是/否）	理由
(1)		
(2)		
(3)		

5. 针对资料一（1）至（7）项，结合资料三和资料四，假定不考虑其他条件，逐项判断资料三所列控制对防止或发现根据资料一识别的认定层次重大错报风险是否有效。如果有效，指出资料三所列控制与资料一的第几个（或者哪几个）事项的认定层次重大错报风险直接相关，并简要说明理由。将答案填入下表。

资料三所列事项序号	资料三所列控制对防止或发现资料一所列事项的重大错报风险是否有效（是/否）	与资料一的第几个（或者哪几个）事项的认定层次重大错报风险直接相关	理由
(1)			
(2)			
(3)			

习题与综合实训参考答案

第 1 章　审计本质、目标和分类

一、判断题

1. × 2. √ 3. × 4. √ 5. × 6. √ 7. √ 8. × 9. × 10. ×

二、单项选择题

1. D 2. C 3. A 4. B 5. A 6. B 7. B 8. C 9. D 10. A

三、多项选择题

1. ABCD 2. AC 3. ABD 4. ABC 5. AB 6. ABC 7. ACD 8. BC

四、简答题（略）

第 2 章　会计师事务所和注册会计师

一、判断题

1. × 2. √ 3. × 4. × 5. × 6. × 7. √ 8. √ 9. × 10. √ 11. √

二、单项选择题

1. D 2. B 3. D 4. C 5. A 6. B 7. D 8. C 9. B 10. A

三、多项选择题

1. ABCDE 2. ABC 3. AC 4. BC 5. AC 6. ABCDE 7. ABCD 8. ABCDE 9. ABC 10. ABCDE

四、简答题（略）

五、实务题

1.（1）产生不利影响。父亲是主要近亲属。主要近亲属与审计客户之间存在性质特殊的商业关系，可能因自身利益对注册会计师 B 的独立性产生不利影响。

（2）不产生不利影响。

（3）产生不利影响。公司董事会秘书属于关键管理职务，子女属于主要近亲属。D 的主要近亲属在财务报表涵盖期间担任甲公司关键管理职务将对其独立性产生非常严重的不利影响。

（4）产生不利影响。代理发行债券属于密切的商业关系。会计师事务所不得与审计客户进行密切的商业合作。

（5）产生不利影响。甲公司并非银行或金融机构，其为事务所提供金额重大的担保，对独立性产生非常严重的不利影响。

2.（1）违反职业道德守则。虽然说事务所可以自主商定审计的收费，但是不能因为收费而相应缩小审计范围，影响审计工作的质量。

（2）违反职业道德守则。事务所要同时为两个存在竞争关系的审计客户提供审计，需要告知客户，并征得他们的同意才能执行业务。

（3）违反职业道德守则。根据规定不允许为属于公众利益实体的审计客户提供编制财务报表的服务，起码形式上会对独立性产生影响。（注意公众利益实体与非公众利益实体要求的区别，对非公众利益实体的审计客户提供这项工作是允许的）

（4）违反职业道德守则。协助制定公司的财务战略，属于承担公司的管理层职责，是职业道德所不允许的。

第3章 初步业务活动

一、判断题

1. √ 2. √ 3. √ 4. √ 5. × 6. √ 7. √ 8. √ 9. × 10. ×

二、单项选择题

1. D 2. A 3. D 4. D 5. D

三、多项选择题

1. ABCD 2. ABCD 3. ABCD 4. ABCD 5. ABCD 6. ABCD

四、简答题（略）

五、实务题

1.（1）审计组负责人及项目组内成员均缺乏计算机系统方面的专业技能，存在缺陷。会计师事务所在接受甲公司财务报表审计委托时，就应该考虑项目组成员是否具备必要素质和专业胜任能力，而不应该在接受委托后才考虑。违背了开展初步业务活动时项目组应具备执行审计业务的专业胜任能力以及必要的时间和资源这一规定。

（2）聘请参与甲公司计算机信息系统设计的人参与审计工作存在缺陷。为鉴证客户提供属于鉴证业务对象的数据或其他记录会产生自我评价对独立性的威胁。张先生是参与甲公司计算机信息系统设计工作的人员，如果参与审计工作对甲公司计算机信息系统进行评价，属于自己评价自己的设计成果。这对注册会计师执行业务所需要的独立性产生了严重威胁。

2. ABC会计师事务所取得对上市公司审计的资格时间不长，由于人员专业能力不足的限制，承接甲公司业务存在专业胜任能力上的缺陷，所以不应接受该业务的委托；注册会计师连续五年担任项目负责人，独立性受到威胁，应该轮换出项目组，并在两年内不得参与该项目工作以及项目质量控制复核工作；了解被审计单位及其环境（风险评估程序）是必要程序，它将为注册会计师在重要性水平的确定、考虑会计政策的选择和运用是否恰当、识别需要特别考虑的领域等方面作出判断提供重要基础，不得省略而直接实施进一步审计程序。

第4章　计划审计工作

一、判断题

1. √　2. ×　3. ×　4. √　5. √　6. ×　7. √　8. √　9. √　10. √

二、单项选择题

1. D　2. A　3. A　4. B　5. C　6. C　7. D　8. A　9. C　10. B

三、多项选择题

1. ABCD　2. ABC　3. ACD　4. ACD　5. ABC　6. BCD　7. AB　8. BCD

四、简答题（略）

五、实务题

1.（1）根据注册会计师王英分别在计划阶段和报告阶段确定的重要性水平，她应当将重要性水平最终确定为180万元。因为在报告阶段所了解的被审计单位的情况比在计划阶段所了解的情况更多，所确定的重要性水平更准确。此时注册会计师王英无须重新评估所执行的审计程序的充分性，因为注册会计师王英是按160万元的重要性水平设定审计程序并进行审计的，而将重要性水平提高为180万元表明她所实际执行的审计程序比要求的审计程序更为充分。

（2）仅依据汇总数，注册会计师王英还无法确定审计意见的类型。因为审计意见是对财务报表整体表述的，而这里的汇总数仅指在已审计部分中业已发现而未更正的错报，并不包括未审计部分中可能的错报、由前期延续而来并仍然影响本期报表反映的错报，以及期后事项对本期报表可能造成的影响等方面。注册会计师王英应将上述各方面错报加以汇总，得到对财务报表错报的整体估计，才能与重要性水平比较，从而决定审计意见的类型。

（3）若汇总数为170万元，注册会计师应当追加审计程序，因为在汇总数不超过重要性水平的原因中，并不能排除由于原程序不当而无法发现更多的错报的可能性。但若汇总数达到190万元，则注册会计师应当扩大实质性程序的范围，因为事实表明实施原程序所发现的错报已超过重要性水平，即原程序在发现错报方面是有效的，无须以其他审计程序替代。

2. 计算确定ABC公司2013年度财务报表层次的重要性水平如下：

判断基础	金额（万元）	固定百分比数值	乘积（万元）	财务报表层次的重要性水平（万元）
资产总额	180 000	0.5%	900	880
净资产	88 000	1%	880	
主营业务收入	240 000	0.5%	1 200	
净利润	24 120	5%	1 206	

第5章　实施风险评估程序

一、判断题

1. × 2. × 3. √ 4. × 5. √ 6. √ 7. √ 8. × 9. √ 10. √

二、单项选择题

1. C 2. A 3. B 4. C 5. A 6. A 7. D

三、多项选择题

1. ACE 2. ABCD 3. ABCDE 4. AD 5. ABC 6. ABCDE 7. AC 8. ABCD

四、简答题（略）

五、实务题

1. 甲公司存在明显的控制缺陷：

（1）乙分公司未履行完成立项阶段的审批手续，即进行设计和开工建设，甲公司总部并未制止和纠正。

（2）乙分公司应当公开招标的项目却采用了邀请招标，不符合公司管理规定。

（3）甲公司总部对该项目未进行有效的监督和处罚，未及时发现问题，也未对违规行为进行处罚和责任追究，不利于甲公司管理制度的贯彻执行。

2. 胜利软件公司研发项目面临失败的风险和内部控制的缺陷主要有以下几个方面：

（1）按照研发项目立项流程，首先要进行项目立项评审工作。该公司决策者仅仅凭借自己曾经在金融行业工作过，对于市场情况较为熟悉，就决定进行大型金融软件的开发，既没有进行市场调研，也没有邀请外部专家进行评审，注定了该项目从开始就面临着很大的市场风险。

（2）在进行了市场调研后，公司应该编制可行性研究报告，该公司由于决策层已经同意研发该项目，研发人员只顾抢时间而忽略了整个项目的筹划，所以在后续过程中研发费用超支、完成时间一拖再拖，陷入了困境。

（3）该公司对于自己不熟悉的领域，面临的技术风险估计不足。由于该公司一直从事小型企业的软件开发，软件环境基本是以桌面操作系统为主。而银行和证券公司等大型企业，采用的一般都是大型服务器，原有的研发人员对于大型的服务器的操作系统并不熟悉，导致在开发过程中面临着很多的技术难题，直接导致系统完成时间一拖再拖。而竞争对手的产品已经提前问世，致使整个项目面临失败的风险。

3.（1）妥当。注册会计师只需了解与审计相关的内部控制。在生产中防止材料浪费的控制通常与财务报表审计无关。

（2）放弃穿行测试不妥当。即使不拟信赖控制，注册会计师仍需执行穿行测试以确认以前对业务流程及可能发生错报环节了解的准确性和完整性。

（3）不妥当。注册会计师应先询问高级别人员，以确定应运行哪些控制以及哪些控制是重要的；再询问低级别人员，以确定他们是否与高级别人员的理解相符。

（4）不妥当。只有当询问、观察和检查程序均无法证实内部控制的执行效果时，注册会计师才考虑实施重新执行程序。

4.（1）表明存在重大错报风险。人民币升值将导致出口贸易减少，且销售价格出现大幅下降，但甲公司2013年未审计财务报表依然完成了75 000万元收入和8 300万元毛利的经营目标，存在虚增营业收入的风险。属于认定层次的风险。

（2）表明存在重大错报风险。甲公司预计原材料价格会在年底回升，进行了大量的采购，但是，原材料市场价格不仅没有回升，2013年10月后还在持续下跌，甲公司可能存在存货跌价准备计提不足，少计资产减值损失的风险。属于认定层次的风险。

（3）表明存在重大错报风险。甲公司决定淘汰一批旧设备，且签订不可撤销的转让协议，应该计提相应的固定资产减值准备，可能存在少计资产减值损失的风险。属于认定层次的风险。

（4）甲公司大额贷款到期，且没有取得另外的维持日常经营所需的资金来源，可能造成企业整体经营风险增加，重大错报风险增加。属于财务报表层次的风险。

第6章 实施进一步审计程序

一、判断题

1. × 2. × 3. √ 4. × 5. √ 6. √ 7. √ 8. √ 9. √ 10. × 11. √ 12. × 13. × 14. √ 15. × 16. × 17. √ 18. × 19. × 20. × 21. × 22. × 23. √ 24. √ 25. × 26. × 27. √ 28. √ 29. √ 30. √ 31. ×

二、单项选择题

1. D 2. D 3. B 4. C 5. A 6. D 7. D 8. A 9. A 10. A 11. A 12. C 13. C 14. B 15. B 16. C 17. C 18. A 19. C 20. A 21. D 22. A 23. A 24. C 25. A 26. C 27. D 28. A 29. A 30. D 31. B 32. B 33. A

三、多项选择题

1. ABCD 2. CD 3. CD 4. AD 5. ABC 6. ABC 7. ABCD 8. BC 9. BDE 10. AC 11. ABCD 12. ABC 13. ABCD 14. ABC 15. BCD 16. ABD 17. AC 18. ABCD 19. ABCD 20. ABCD 21. ABCD 22. ABCD 23. AB 24. AB 25. ABC 26. AB 27. AC 28. ABCD 29. ABC 30. ACD 31. ABCD

四、简答题（略）

五、实务题

1.（1）中拟定的进一步审计程序的性质不当。为证实存货的存在认定，注册会计师应当实施以监盘为主的实质性程序。

（2）中函证程序的时间安排不当。将函证截止时间提前到财务报表日之前的前提是评估的控制风险低，南方公司赊销审批制度的设计存在重大缺陷，不满足这一条件。

（3）中缩小控制测试的样本规模不当。按规定，注册会计师初步评价的控制风险越低，对内部控制的依赖程度越高，进行控制测试的范围应当越大，而不是越小。

（4）中控制测试的范围不当。拟信赖高度自动化的内部控制时，除了确定该控制正在执行，还需证实一般控制运行有效。

（5）中安排的进一步审计程序不当。应在剩余期间实施补充程序，以证实期中获取的有关上半年销售费用的审计证据到期末依然有效。

（6）中控制测试的时间安排不当。由于营业收入存在特别风险，仅仅降低对以前控制测试的依赖是不够的。注册会计师不得依赖以前期间获取的有关控制有效的审计证据。

2.

情况序号	审计程序	审计目标	审计证据的种类
(1)	对期末存货进行监盘	除所有权归属性、报表反映适当性、计价准确性以外的所有审计目标	实物证据、口头证据
(2)	对期末存货进行截止测试	存在性、会计记录完整性	书面证据
(3)	向斯通公司进行函证	存在性、会计记录完整性、所有权归属性	书面证据
(4)	询问管理当局，审阅相关合同与信函，并向斯通公司进行函证	所有权归属性、报表反映适当性	口头证据、书面证据
(5)	进行计价测试，并与有关财务会计法规要求比较	计价准确性、报表反映适当性	书面证据
(6)	对上一年度存货记录进行适当审阅	报表反映适当性	书面证据

3. 表格所列数据可以看出：

（1）当期未审资料与前期相比。

本期资产总额较上期增加 18.04%，具体项目及原因：

①存货：本期较上期增加约 49 892 万元，增长率为 53.49%。

②固定资产与在建工程：在建工程本年转固定资产，导致在建工程的减少及固定资产的增加。

③应收账款：本期较上期增加约 7 945 万元，增长率为 34.47%。

（2）本期资产总额与前期相比，各要素比重变化分析。

本期资产总额中比重较大的是存货（50.51%）、固定资产（34.11%），与上期相比存货比重提高。

根据对上述异常变动项目的分析，存货领域可能存在重大错报风险。

4. 审计人员抽查有关耗用材料汇总表和材料成本差异计算表，验算其材料实际成本如下：

材料成本差异率＝［5 400+（1 178 400−1 200 000）］÷（150 000+1 200 000）×100%＝−1.2%

发出材料实际成本＝240 000+240 000×（−1.2%）＝237 120（元）

多转材料成本＝244 800−237 120＝7 680（元）

重新计算结果表明，该企业 8 月份多转材料成本 7 680 元。

5. 每一组证据中更可靠的证据是：（1）银行询证函；（2）注册会计师通过自行

计算折旧额所取得的证据；（3）银行对账单；（4）律师询证函回函；（5）内部控制良好时形成的领料单；（6）销售发票。

6. 有理由。项目组内部复核主要检查：已执行的审计工作是否支持形成的结论，并已得到适当记录；获取的审计证据是否充分及适当；审计程序的目标是否实现等。本案例中，现金盘点数与账面记录相差34.5元、回函不相符及无形资产审定表与后附的证据不相符事项，注册会计师应追加审计程序查证清楚，并将审计轨迹和专业判断记录在审计工作底稿中，但检查人员从底稿中没有发现这些记录。同时，“审计工作底稿杂乱，底稿中没有交叉索引”、“审计工作底稿形成中重视数据、资料的归集，缺少审计人员审计轨迹和专业判断的记录”，复核人员无法明了审计人员对某一项目或事项实施了哪些审计程序、获取的审计证据是否充分及适当、审计结论是什么。所以，检查人员有理由认为该项目负责人的项目组内部复核没有真正实施。

7. （1）A注册会计师在归整审计档案时存在问题。审计工作底稿归档期限为审计报告日后60天内，该业务审计报告日为2月15日，完成归档日期为5月15日，归档期限超过了60天。

（2）在归整审计档案后，A注册会计师私下修改审计工作底稿存在问题。一般情况下，审计报告归档之后不需要对审计工作底稿进行修改或增加，如果发现有必要修改现有审计工作底稿或增加新的工作底稿，无论性质如何，均应当说明修改的具体理由，并由相关人员进行复核；修改现有工作底稿应该是对原记录信息不予删除（包括涂改、覆盖等方式）的前提下，采用新信息的方式予以修改。

（3）诚识会计事务所在保存审计工作底稿方面存在问题。工作底稿应该自审计报告日起至少保存10年，在完成最终审计档案的归档工作后，注册会计师不得在规定的保存期限届满前删除或废弃审计工作底稿。

诚识会计师事务所应当对审计工作底稿实施的控制程序包括：安全保管业务工作底稿并对业务工作底稿保密；保证业务工作底稿的完整性；设计和实施控制便于使用和检索业务工作底稿；按照规定的期限保存业务工作底稿。

8. 重点关注了：（1）计划的审计程序，注册会计师是否实施了。武兵没有按照审计计划实施存货盘点这个公认的审计程序，就确认存货，容易招致审计风险。（2）所实施的审计程序是否充分。刘阳机械地做了应收账款函证程序，而未考虑没有收到回函可能造成取证不充分，不能支持审计结论的情况。（3）同一会计科目不同层次的审计工作底稿之间的勾稽关系是否核对相符。固定资产审计形成的不同层次工作底稿的勾稽关系核对不相符，这说明注册会计师对固定资产和累计折旧某些方面的确认不正确，应该追查原因，纠正错误的审计工作底稿。（4）不同会计科目所形成的审计工作底稿之间的勾稽关系是否核对相符。不同会计科目可能同时反映同一经济业务，因此，不同会计科目所形成的审计工作底稿之间存在一定的勾稽关系。项目负责人可以通过复核不同审计工作底稿之间的勾稽关系，来交叉索引，佐证注册会计师的工作质量。

9. （1）注册会计师选择的最初5个样本的号码分别是：0417、3404、2038、2305、0222。

（2）注册会计师选择的最初5个样本的号码分别是：0005、0015、0025、

0035、0045。

10. （1）妥当。

（2）不妥当。与计价和分摊目标相关的审计程序是针对单笔应收账款实施的，应将明细表中列示的每一笔应收账款定义为抽样单元。

（3）不妥当。误受风险影响审计的效果，误拒风险影响审计的效率，前者的后果更为严重。因此，可接受的误受风险水平应低于误拒风险水平。

（4）不妥当。仅实施函证程序无法证实应收账款的计价和分摊认定，注册会计师应同时实施分析应收账款账龄、检查坏账准备计提等必要审计程序。

（5）不妥当。使用统计抽样时，如果预计只发现少量差异，不应使用差额估计抽样和比率估计抽样法。

（6）妥当。

11. 第一种，王华在100个测试样本中发现了2个偏差，推断样本偏差率为2%。小于可容忍的偏差率7%，王华评价销售环节内部控制总体上是有效的。但实际上总体偏差率为8%。销售环节内部控制总体上应是无效的。重大错报风险应是高水平，应增加实质性程序的测试量，获取更多审计证据以便将检查风险降至低水平。王华面临信赖过度风险，影响审计效果。

第二种，王华在100个测试样本中发现了8个偏差，推断样本偏差率为8%。大于可容忍的偏差率7%，王华评价销售环节内部控制总体上是无效的。但实际上总体的偏差率为2%。销售环节内部控制总体上应是有效的。重大错报风险应是低水平，应减少实质性程序的测试量，获取较少审计证据便可将检查风险降至低水平。王华面临信赖不足风险，影响审计效率。

12. （1）不正确。确定的信用审核控制测试总体未包括2013年12月份开具的销售单，该总体不完整。应将2013年1月1日至12月31日开具的所有销售单作为测试的总体。

（2）关于偏差的定义正确。“审批控制”包括审批和控制这两个要素，具体可分为未经审批的付款和未按制度审批办理的付款。

（3）不正确。对于发现的凭证丢失情况，应视为控制未能有效运行，作为控制测试中发现的偏差处理。

（4）总体偏差率的估计正确。在属性抽样中，样本偏差率就是总体偏差率的最佳点估计。样本偏差率为5%（3÷60×100%），故总体偏差率的最佳点估计为5%。

（5）推断总体的方法和结论均不正确。不应将推断的总体偏差率直接与可容忍误差比较，而应将估计的总体偏差率上限13%（7.8÷60×100%）与可容忍偏差率7%比较，并得出运行无效的推断结论。

13. （1）第（1）项，错误。抽样单元应为2013年度确认的每笔销售费用。

第（2）项，错误。分层的意义在于减少总体的变异性，而不在于使各层之间均值相同。

第（3）项，错误。细节测试中采用传统抽样方法确定样本规模时需要考虑可容忍错报的影响。

第（4）项，正确。

第（5）项，错误。不应另选一个样本项目代替，应当查明原因，或实施替代程序，或直接将其视为错报。

（2）［（3 600 000－4 000 000）÷200］×4 000＝－8 000 000（元）

第 7 章　编制审计报告

一、判断题

1. × 2. × 3. × 4. √ 5. √ 6. × 7. × 8. √ 9. × 10. √

二、单项选择题

1. D 2. A 3. B 4. D 5. C 6. E 7. D 8. D 9. A 10. A

三、多项选择题

1. ABCD 2. ABC 3. BCD 4. AC 5. BCDE 6. ABCD 7. ABC 8. ABC 9. AB 10. ABC

四、简答题（略）

五、实务题

1. 应发表保留意见审计报告。

审 计 报 告

鸿图股份有限公司董事会：

一、对财务报表出具的审计报告

（引言段、管理层对财务报表的责任段和注册会计师的责任段略）

（三）导致保留意见的事项

经审计，我们发现 A 公司起诉贵公司的赔偿案，经长达一年半的审理，已于 2014 年 1 月 15 日宣告结束，贵公司被判决赔偿 A 公司 28 万元。我们认为，按照企业会计准则的规定，以及根据重要性标准衡量，28 万元已经超过了实际执行的重要性水平 5.5 万元（28－30×75%），应在 2013 年度财务报表中作相应调整，但贵公司未接受我们的意见。该事项使贵公司 2013 年 12 月 31 日资产负债表的流动资产增加 28 万元，该年度利润表的利润总额增加 28 万元。

（四）保留意见

我们认为，除“（三）导致保留意见的事项”段所述事项产生的影响外，鸿图股份有限公司财务报表在所有重大方面按照企业会计准则的规定编制，公允反映了鸿图股份有限公司 2013 年 12 月 31 日的财务状况以及 2013 年度的经营成果和现金流量。

二、按照相关法律法规的要求报告的事项

（本部分报告的格式和内容，取决于相关法律法规对其他报告责任的规定）

××会计师事务所　　　　中国注册会计师：×××
（盖章）　　　　（签名并盖章）
　　　　中国注册会计师：×××
　　　　（签名并盖章）
中国××市　　　　二〇一四年×月×日

2. （1）应发表无法表示意见审计报告。因为审计人员难以获得 2013 年度的手工账簿资料，而且这些资料又非常重要，审计工作受到严重限制，无法收集到必要的审计证据。

（2）审计报告如下：

审 计 报 告

宏达建筑材料股份有限公司董事会：

一、对财务报表出具的审计报告

我们接受委托，审计后附的宏达建筑材料股份有限公司（以下简称宏达公司）财务报表，包括2013年12月31日的资产负债表，2013年度的利润表、现金流量表和股东权益变动表以及财务报表附注。

（一）管理层对财务报表的责任

编制和公允列报财务报表是宏达公司管理层的责任。这种责任包括：（1）按照适用的财务报告编制基础编制财务报表，并使其实现公允反映；（2）设计、执行和维护必要的内部控制，以使财务报表不存在由于舞弊或错误导致的重大错报。

（二）注册会计师的责任

我们的责任是在按照中国注册会计师审计准则的规定执行审计工作的基础上对财务报表发表审计意见。但由于“（三）导致无法表示意见的事项”段中所述的事项，我们无法获取充分、适当的审计证据以为发表审计意见提供基础。

（三）导致无法表示意见的事项

宏达公司由于遭受水灾，手工记账的会计账簿受损，我们无法采用适当的审计程序来获得相关的审计证据。

（四）无法表示意见

由于“（三）导致无法表示意见的事项”段所述事项的重要性，我们无法获取充分、适当的审计证据以为发表审计意见提供基础，因此，我们不对宏达公司财务报表发表审计意见。

二、按照相关法律法规的要求报告的事项

（本部分报告的格式和内容，取决于相关法律法规对其他报告责任的规定）

正则会计师事务所	中国注册会计师：×××
（盖章）	（签名并盖章）
	中国注册会计师：×××
	（签名并盖章）
中国××市	二〇一四年×月×日

3.（1）保留意见或否定意见的审计报告。由于对该项长期股权投资转让，尚未办理产权过户手续，交易尚未完成，K公司即使已经支付了价款，但也有随时终止交易的可能，因此甲公司应计提50万元的减值准备。由于无法判断少计50万元的长期投资减值准备的影响，所以注册会计师应出具保留意见或否定意见的审计报告。

（2）（标准）无保留意见审计报告或带强调事项段的无保留意见审计报告。①出具无保留意见审计报告的理由是，该未决诉讼已经进行适当的会计处理，且已进行适当披露，基本上确定该事项带来的损失，无需增加强调事项段说明。②出具带强调事项段的无保留意见审计报告的理由是，该损失可能给B公司带来巨大损失，属于重大不确定事项，应当考虑在意见段之后增加强调事项段。

（3）（标准）无保留意见审计报告。C公司与关联方M公司的交易价格公允，且关联方关系及其交易已经适当披露，符合企业会计准则的规定。

（4）（标准）无保留意见审计报告。D公司对漏记折旧的重大会计差错进行了追溯调整，并进行了适当披露，符合企业会计准则的规定。

4.（1）因为是年度财务报表审计，不要求企业每年提供三年比较财务报表。因此，这项内容不影响审计报告的表述。

（2）按企业会计准则和会计制度的规定，现金流量表应对外报送并公布，该公司不愿公布该表，我们认为将影响财务报表的全面反映，对此应在审计报告中持保留意见。

（3）按准则规定，变更固定资产折旧方法，应在财务报告中说明，并要符合变更条件，但不需财政部门的批准。对此应判断变更是否合理，如合理，可发表无保留意见；如不合理，对财务报表影响较大应持保留意见，若影响不大，可发表无保留意见。

（4）产成品余额多计10 000元，影响了2013年的利润，对于这一未调整事项，如判断属重大事项应持保留意见，如属非重大事项，可发表无保留意见。

（5）变更产成品计价方法未在财务报表中说明，应判断对财务报表影响如何，影响较大，应持保留意见，影响不大，可发表无保留意见。

（6）因为执行其他审计程序，对应收账款余额进行了验证，因此，不影响审计报告的表述。

（7）该公司较长时期不能支付现金股利，对公司股东和债权人利益均有影响，该公司不愿披露，对此应在签发审计报告时持保留意见。

第8章 销售与收款循环审计

一、判断题

1. √ 2. × 3. √ 4. √ 5. × 6. √ 7. √ 8. √ 9. √ 10. × 11. × 12 . √

二、单项选择题

1. D 2. B 3. D 4. B 5. A 6. C 7. B 8. B 9. B 10. D

三、多项选择题

1. ABC 2. ABCD 3. ABCD 4. ABCD 5. ABCD 6. AB 7. AD

四、简答题（略）

五、实务题

1. 分期收款销售按规定只有在合同约定日期或收到款项时以所收款项确认销售，并结转相应成本，该公司于2013年12月将销售给M公司的200件甲产品全部确认为销售收入是错误的，相应所结转的产品销售成本也是错误的，这将导致12月份虚增利润，应作调整分录如下：

借：应收账款 120 000

　　贷：主营业务收入（200×1 000×60%） 120 000

借：主营业务成本（200×800×60%） 96 000

贷：发出商品 96 000

2. 处理意见：

（1）将多计的销售收入冲回：

借：应收账款 1 500 000

贷：主营业务收入 1 500 000

（2）收回承包奖：

借：其他应收款 100 000

贷：利润分配——未分配利润 100 000

（3）建议对承包人进行适当的处罚。

3. 该公司存在财会人员业务不熟练，造成未及时结转主营业务收入的问题。调账的会计分录为：

借：预收账款 187 200

贷：主营业务收入 160 000

应交税费——应交增值税（销项税额） 27 200

4. 该公司违反了会计准则中关于采用预收货款方式销售产品时入账时间的规定，使当期销售收入虚列，影响了有关资料的真实性。

如果该问题在 8 月份即查清，被审计单位应编制调整分录如下：

借：预收账款 260 000

贷：主营业务收入 260 000

5. 根据会计准则的规定，加工费收入应作为主营业务收入，而该公司将加工费收入记入"其他应付款"的贷方，未通过"主营业务收入"账户核算，必然虚减当年销售收入，偷漏销售税金，也必然虚减产品销售利润，偷漏所得税。该公司这样做的目的，除了偷漏税金外，也可能是为了隐瞒收入或将当年的收入转移至下年。加工剩余材料也应视作加工费收入入账，该公司将剩余材料出售，作为加工人员奖金，不仅虚减收入，漏交税金，而且直接构成了私分收入。因此该公司存在的主要问题是违反国家规定，私分、转移或隐瞒收入、偷漏税金。

注册会计师应提请该公司调整销售收入，补交销售税金、所得税款及应交的滞纳金和罚款。

6. 注册会计师认为，应收账款的 M 公司明细账可能存在下列问题：

（1）M 公司与 ABC 公司在业务上有纠纷，故拒付货款。

（2）M 公司无力偿还。

（3）可能是记账差错。

注册会计师应采用函证的方式进行调查。针对不同情况，作出不同处理：若是纠纷，则提议双方协商解决；若是 M 公司无力偿还，则应在审批后确认为坏账；若是记账差错，则要及时加以更正。

7. 该公司坏账准备的计提金额有误。首先，对于应收账款明细账中的贷方余额不应计提坏账准备，因其相当于预收账款，应对其进行重新分类，归入负债方。

年末计提坏账准备的基数＝3 100+1 500＝4 600（万元）

当年应提取的坏账准备＝4 600×1%－24＝22（万元）

该公司少提坏账准备＝22－21＝1（万元）

注册会计师建议该公司作出调整，调整分录为：

借：资产减值损失　　10 000

　贷：坏账准备　　10 000

8. ABC 公司为了达到少交税、少计当期利润的目的，将应反映在“其他业务收入”账户的专有技术使用费收入反映在“应付账款”账户，造成当月利润虚减并达到了少交营业税、城市维护建设税、教育费附加及所得税的目的。ABC 公司应编制调整分录如下：

借：应付账款　　70 000

　贷：其他业务收入　　70 000

9.（1）审计方法：审阅租赁合同、其他业务收入和其他业务成本等明细账，抽查有关会计凭证。

（2）存在的问题：该公司账务处理错误，将应计入其他业务成本的折旧费 6 000 元冲减了其他业务收入，偷漏营业税 180 元（6 000×3%）。

（3）处理意见：注册会计师李敏应提请该公司依照税法的有关规定补交税金，并调整有关账簿记录，会计分录如下：

借：其他业务成本　　6 000

　贷：其他业务收入　　6 000

借：营业税金及附加　　180

　贷：应交税费——应交营业税　　180

10. 注册会计师李军应提请该公司调整有关账簿记录，会计分录如下：

借：以前年度损益调整　　60 000

　贷：其他业务成本　　60 000

11.（1）注册会计师可查阅甲客户的应收账款明细账，看询证函中所述的3 600 元款项是否因双方记账时间差所致，已于下一个年初收款入账；或根据银行存款日记账的收款记录追查至应收账款明细账，查明结账日前收到货款时，是否存在过账错误，误将其他顾客的欠款注销；或到银行查询有无款到还未通知公司的情况。

（2）查阅乙客户的应收账款明细账，查明询证函中所述的 2 000 元结欠尾款是否确实于次年初收回。

（3）查明丙客户预收货款明细账上是否有 70 000 元的预收款记录。如查明确实可抵付货款，应对应收账款作调整记录。

（4）审核发运凭证以及运输公司的运输发票，以查明丁客户货物是否确已运出。如确已运出，应将有关凭证影印送客户要求其查证；如确未运出，应调整原分录和记录，并进一步调查了解，查明原因。

12. 应收账款的实质性程序设计如下：

（1）审核应收账款明细账，复核应收账款汇总数的正确性；抽查部分应收账款明细账，确定表中应收账款金额和账龄分类的正确性。

（2）函证应收账款。对余额10万元以上、账龄2年以上及贷方余额的所有账户采用积极式函证寄发询证函；从其余的明细账中选取一些账户，采用消极式函证方式进行函证。

（3）审查未函证的应收账款。对于未函证的应收账款，应采用替代审计程序进行审查。如审查销售合同、订单、销售单、发货单、销售发票等原始凭证，审查资产负债表日后的收款情况等。

（4）审查坏账准备的计提。确定公司核算坏账准备的方法是否符合有关规定，计提比例是否合理，是否与以前年度保持一致，坏账准备期末余额、本期计提金额的计算是否正确。

（5）审查应收账款的报表披露。“应收账款”项目应根据应收账款账户所属明细科目的期末借方余额合计减去“坏账准备”科目中有关应收账款计提的坏账准备期末余额后的金额填列。应收账款的贷方余额应列示在资产负债表中的“预收款项”项目中。

六、编制工作底稿题

1. **营业收入审定表**

被审计单位：	ABC公司	索引号：	SA1
项目：	营业收入审定表	财务报表截止日/期间：	2013年12月31日
编制：	李军	复核：	张梅
日期：	2014年1月20日	日期：	2014年1月21日

项目类别	本期未审数	账项调整		本期审定数	上期审定数
		借方	贷方		
一、主营业务收入					略
甲产品	38 652 862			38 652 862	
乙产品	16 752 368			16 752 368	
丙产品	9 763 529			9 763 529	
丁产品	4 357 871			4 357 871	
小计	69 526 630			69 526 630	
二、其他业务收入	略				略
小计	略				略
营业收入合计	略				略

审计说明：

（略）

审计结论：

报表数经审计后无调整事项，可以确认。

2.

主营业务收入明细分析表

被审计单位：ABC公司　　　索引号：SA2

项目：主营业务收入明细分析表　　　财务报表截止日/期间：2013年12月31日

编制：李军　　　复核：张梅

日期：2014年1月22日　　　日期：2014年1月23日

类别	2013年度		2012年度		收入变动额	收入变动比例（%）	结构变动比例（%）
	金额	比重（%）	金额	比重（%）			
甲产品	38 652 862	55.6	30 786 532	52.1	7 866 330	25.6	3.5
乙产品	16 752 368	24.1	14 657 356	24.8	2 095 012	14.3	-0.7
丙产品	9 763 529	14.0	9 986 534	16.9	-223 005	-2.2	-2.9
丁产品	4 357 871	6.3	3 680 569	6.2	677 302	18.4	0.1
合计	69 526 630	100	59 110 991	100	10 415 639	17.6	

审计说明：

（略）

3.

应收账款审定表

被审计单位：ABC公司　　　索引号：ZD1

项目：应收账款审定表　　　财务报表截止日/期间：2013年12月31日

编制：李军　　　复核：张梅

日期：2014年1月23日　　　日期：2014年1月24日

项目名称	本期未审数	账项调整		重分类调整		本期审定数	上期审定数
		借方	贷方	借方	贷方		
一、账面余额合计	1 256 800	43 200	20 000			1 280 000	略
1年以内	1 256 800	43 200	20 000			1 280 000	
1~2年							
2~3年							
3年以上							
二、坏账准备合计	62 000					62 000	略
1年以内	62 000					62 000	
1~2年							
2~3年							
3年以上							
三、账面价值合计	1 194 800	43 200	20 000			1 218 000	略
1年以内	1 194 800	43 200	20 000			1 218 000	
1~2年							
2~3年							
3年以上							

审计说明：

（略）

审计结论：

经调整后，确认报表余额。

4.

应收账款询证函

索引号：ZD3
编号：001

M公司：

本公司聘请的晋审会计师事务所正在对本公司2013年度财务报表进行审计，按照中国注册会计师审计准则的要求，应当询证本公司与贵公司的往来账项等事项。下列信息出自本公司账簿记录，如与贵公司记录相符，请在本函下端“信息证明无误”处签章证明；如有不符，请在“信息不符”处列明不符项目，如存在与本公司有关的未列入本函的其他项目，也请在“信息不符”处列出这些项目的金额及详细资料。回函请直接寄至晋审会计师事务所。

回函地址：（略）

邮编：（略）　　电话：（略）　　传真：（略）　　联系人：李梅

1. 本公司与贵公司的往来账项列示如下：

单位：元

截止日期	贵公司欠	欠贵公司	备　注
2013年12月31日	150 248		货款

2. 其他事项。

本函仅为复核账目之用，并非催款结算。若款项在上述日期之后已经付清，仍请及时复函为盼。

（ABC公司盖章）

2014年1月26日

结论：1. 信息证明无误。

（客户盖章）

年　月　日

经办人：

2. 信息不符，请列明不符的详细情况。

（客户盖章）

年　月　日

经办人：

第9章　采购与付款循环审计

一、判断题

1. ×　2. √　3. √　4. ×　5. √　6. √　7. √　8. ×　9. √　10. √　11. √　12. ×

二、单项选择题

1. D　2. B　3. D　4. B　5. B　6. D　7. D　8. A

三、多项选择题

1. ABCDE　2. ABCDE　3. ABCD　4. BCD　5. ABCD　6. ABCDE　7. ABCD　8. ABC　9. ABC　10. ABCDE

四、简答题（略）

五、实务题

1. 按照会计准则规定，如果购销双方在价格上没有达成协议，那么公司在核算上只能以计划价暂估账，而不能不入账或以自己确认的价格入账，待达成协议后再做调整。因此，A 公司随意冲销应付账款是不妥的。注册会计师应提请其纠正，并调整相应的报表项目。如果被审计单位拒绝，注册会计师要根据其重要性判断发表什么意见以及如何编制审计报告。

2.（1）该项目账务处理不正确。按双倍余额递减法第一年至第五年的折旧额分别为 20 000 元、12 000 元、7 200 元、4 400 元和 4 400 元，五年累计应提折旧 48 000 元，第三年年末应累计计提折旧 39 200 元，固定资产净值为 10 800 元。

正确的会计分录是：

①转入报废清理时：

借：固定资产清理　　10 800

　　累计折旧　　39 200

　贷：固定资产　　50 000

②收到变价收入时：

借：银行存款　　5 000

　贷：固定资产清理　　5 000

③发生清理费用时：

借：固定资产清理　　3 000

　贷：银行存款　　3 000

④结转报废出售的净损失时：

借：营业外支出　　8 800

　贷：固定资产清理　　8 800

（2）企业对该项业务的账务处理错误表现在：①未按规定转入固定资产清理，未冲销"固定资产"和"累计折旧"账户，使企业资产状况不真实，影响到财务状况也未能被真实地反映；②未按规定正确反映变价收入和清理费用，且造成营业外支出计算不正确，导致当期损益不真实、不正确。

3. 调整分录：

借：固定资产——机器设备　　900 000

　贷：累计折旧　　500 000

　　　本年利润　　400 000

4. 该公司的固定资产折旧方法本期不一致，且未作充分揭示，这是违反会计准则和会计制度的。由此计算的该事项对资产负债表和利润表的影响如下：

该机床用年数总和法计算的年折旧额 =（100 000−10 000）×5/15 = 30 000（元）

该机床用直线法计算的年折旧额 =（100 000−10 000）÷5 = 18 000（元）

由于折旧方法的改变，使本年度多提折旧额 12 000 元（30 000−18 000），致使资产负债表中的"固定资产"项目减少 12 000 元。利润表中的"利润总额"项目减少12 000元。

对此，审计人员应要求被审单位在财务报表附注中，对原值 100 000 元、预计净值残值 10 000 元、预计使用年限为 5 年的机床由于从直线法改为年数总和法进行折旧，使本年度折旧额增加 12 000 元，利润总额减少 12 000 元的情况予以揭示。

5. 解析：

11 月份购入设备一台，原值 20 000 元，已安装完工交付使用；11 月份融资租入一台设备投入车间使用；两者在 12 月份开始均应计提折旧。

11 月份交外单位大修设备一台，原值 50 000 元。大修理设备仍应计提折旧，12 月份不应增加计提折旧。

11 月份进行技术改造设备一台，当月交付使用，该设备原值为 200 000 元，在 11 月份已经计提折旧，12 月份不应增加计提折旧；技改支出 50 000 元，变价收入 20 000元，12 月份应按新增加部分 30 000 元（50 000−20 000）增提折旧。

该企业 2013 年 12 月份应计提折旧额 = 12 000+［20 000+10 000+（50 000−20 000）］×6% ÷12

= 12 300（元）

多提折旧额 = 21 000−12 300 = 8 700（元）

调整分录：

借：累计折旧	8 700	
贷：制造费用		8 700

6. 甲企业利用“应付账款”账户隐瞒主营业务收入，不但偷漏了增值税，也因人为压低了利润数导致少纳所得税。审计人员建议该企业按国家税法的有关规定尽快补交增值税和所得税，并调整有关账簿记录。调账分录如下：

（1）借：应付账款——A 公司	180 000	
贷：应交税费——应交增值税（销项税额）		26 154
以前年度损益调整		153 846
（2）借：以前年度损益调整	25 000	
贷：应交税费——应交所得税		25 000

7.（1）选择金额较大的债权人函证和选择金额小或者为零但属重要的供货人 B 和 D 两公司函证。因为应付账款一般是少列，少列不影响付款，对外界来说负债小，感觉财务状况好。

（2）选择 C 和 D 两公司函证。因为应收账款一般不会少列，少列可能造成收款困难，因此，选金额大的客户函证。

8.（1）应考虑的审计目的有：确定相关的内部控制是否健全有效；应付账款的记录是否完整；应付账款有无低估的可能；所列的负债是否实际发生；在资产负债表上的表达是否允当。

（2）一般情况下，应付账款不需要函证，这是因为函证对象只能从已入账的客户中选择，所以函证程序不能保证查出未入账的应付账款，况且审计人员能够取得采购发票等可靠程度较高的外部凭证来证实应付账款的余额。但如果控制风险较高，某应付账款明细账户余额较大或被审计单位处于财务困难阶段，则应进行应付账款的函证。

进行函证时，审计人员应选择较大金额的债权人，以及那些在资产负债表日金额不大、甚至为零，但为企业重要供货人的债权人，作为函证对象。此外，还应考虑向上年度债权人及不送对账单的债权人进行函证。

（3）函证应付账款，在于揭示未入账的负债，函证具有较大金额的账户不一定能实现此目标。应选择与委托人交易频繁的供货商或委托人的关联方作为函证对象。

9.（1）第一笔业务属于固定资产增加计价错误。购入固定资产的原值包括买价、运杂费和安装调试费。该错误使公司的资产和利润同时虚减12 000元。由于计价错误，还影响了折旧的计提，漏提的折旧数＝12 000×10%÷12×10＝1 000（元）。调整分录为：

借：固定资产　　12 000

　贷：累计折旧　　1 000

　　本年利润　　11 000

（2）第二笔业务属于固定资产减少会计处理错误。减少固定资产，均应通过“固定资产清理”账户核算。正确的会计分录为：

借：固定资产清理　　44 360

　　累计折旧　　12 840

　贷：固定资产　　57 200

借：银行存款　　35 560

　贷：固定资产清理　　35 560

借：营业外支出　　8 800

　贷：固定资产清理　　8 800

该厂的会计分录使实收资本和营业外支出同时虚增了35 560元，营业外支出虚增将使本年利润减少35 560元。调整分录为：

借：实收资本　　35 560

　贷：本年利润　　35 560

六、编制工作底稿

1.

应付账款审定表

被审计单位：	E公司	索引号：	FD1
项目：	应收账款审定表	财务报表截止日/期间：	2013年12月31日
编制：	王平	复核：	张志
日期：	2014年1月26日	日期：	2014年1月27日

项目类别	本期未审数	账项调整		重分类调整		本期审定数	上期审定数
		借方	贷方	借方	贷方		
一、应付账款关联方：							
甲公司	3 357 551.97					3 357 551.97	
乙公司	6 298 149.09					6 298 149.09	
丙公司	2 603 202.34					2 603 202.34	
小计	12 258 903.40					12 258 903.40	
二、应付账款非关联方：							
丁公司	12 603 202.88	2 000 000				10 603 202.88	
戊公司	8 699 160.92					8 699 160.92	
戊公司	2 335 678.24					2 335 678.24	
小计	23 638 042.04					21 638 042.04	
合计	35 896 945.44					33 896 945.44	

审计说明：

欠丁公司的款项中有200万元因对方将材料发错，经测试，2013年12月29日已经退回。该单位已同意调整。

续表

审计结论：

报表数经审计调整后，可以确认。调整分录： 借：应付账款——丁公司 2 000 000 贷：原材料 2 000 000

2.

固定资产审定表

被审计单位：E 公司　　索引号：ZO1
项目：固定资产审定表　　财务报表截止日/期间：2013 年 12 月 31 日
编制：王平　　复核：张志
日期：2014 年 1 月 22 日　　日期：2014 年 1 月 23 日

项目名称	本期未审数	账项调整		重分类调整		本期审定数	上期审定数
		借方	贷方	借方	贷方		
一、固定资产原值合计	391 014 056.98	300 000				391 314 056.98	
其中：房屋及建筑物	18 647 944.52					18 647 944.52	
机器设备	360 576 456.36	300 000				360 876 456.36	
电子设备	3 033 692.06					3 033 692.06	
运输设备	8 755 964.04					8 755 964.04	
二、累计折旧合计	22 356 609.62					22 356 609.62	
其中：房屋及建筑物	7 805 155.01					7 805 155.01	
机器设备	12 427 286.22					12 427 286.22	
电子设备	1 139 886.53					1 139 886.53	
运输设备	984 281.86					984 281.86	
三、减值准备合计							
四、账面价值合计	368 657 447.36	300 000				368 957 447.36	
其中：房屋及建筑物	10 842 789.51					10 842 789.51	
机器设备	348 149 170.14	300 000				348 449 170.14	
电子设备	1 893 805.53					1 893 805.53	
运输设备	7 771 682.18					7 771 682.18	

审计说明：

经测试发现有一台机器设备在 2013 年 12 月 15 日由在建工程交付使用，但没有记入固定资产明细账和总账，价值 30 万元。该单位已同意调整。

审计结论：

报表数经审计调整后，可以确认。调整分录： 借：固定资产 300 000 贷：在建工程 300 000

3.

固定资产盘点检查表

被审计单位：E公司	索引号：ZO3
项目：固定资产盘点检查表	财务报表截止日/期间：2013年12月31日
编制：王平	复核：张志
日期：2014年12月29日	日期：2014年12月23日

序号	名称	规格型号	计量单位	单价	账面结存		被审计单位盘点			实际检查			备注
					数量	金额	数量	金额	盈亏(+、-)	数量	金额	盈亏(+、-)	
1	斗提机		台	3 526 551.32	3	10 579 653.96	3	10 579 653.96		3	10 579 653.96		
2	输送机		台	454 045.73	1	454 045.73	1	454 045.73		1	454 045.73		
3	车床		台	203 589.00	5	1 017 945.00	5	1 017 945.00		5	1 017 945.00		
4	机床		台	70 066.00	8	560 528.00	8	560 528.00		8	560 528.00		
5	起重机械		台	872 000.00	2	1 744 000.00	2	1 744 000.00		2	1 744 000.00		
6	电机		台	5 830.00	8	46 640.00	8	46 640.00		8	46 640.00		
	⋮												

审计说明：

注册会计师主要是对2013年度新增部分的重要固定资产进行实地检查程序。

审计结论：

经对部分重要固定资产进行实地检查程序，不存在账实不符情况，可以确认。

第10章　生产与存货循环审计

一、判断题

1. √　2. ×　3. √　4. ×　5. √　6. ×　7. √　8. ×　9. ×　10. √　11. √

二、单项选择题

1. B　2. A　3. A　4. D　5. C　6. C　7. D　8. C　9. B　10. A

三、多项选择题

1. ABCD　2. ABCD　3. ACD　4. ABCD　5. ABCD　6. ABD　7. ABC　8. ABCD

四、简答题（略）

五、实务题

1.

财务报表认定	具体审计目标	审计程序
（4）	公司对存货均拥有所有权	（9）
（1）	记录的存货数量包括了公司所有的在库存货	（8）
（5）	按成本与可变现净值孰低法调整期末存货的价值	（6）
（5）	存货成本计算准确	（11）
（3）	存货的主要类别和计价基础已在财务报表恰当披露	（7）

2. （1）不妥当。为了有效地实施存货监盘，注册会计师应与被审计单位就有关问题达成一致意见，但注册会计师应尽可能地避免被审计单位了解自己将抽取测试的存货项目。

（2）不妥当。对所有权不属于被审计单位的存货，注册会计师应当取得其规格、数量等有关资料，确定是否已分别存放、标明，且未纳入盘点的范围。对于被审计单位持有的受托代存存货执行有关补充程序。此外，注册会计师还应向受托代存存货的所有权人确证受托代存的存货属于所有权人。

（3）不妥当。如果存货已作质押，助理人员应当向债权人函证与被质押的存货有关的内容，取得书面证明，必要时到银行实施监盘程序。

3. （1）审计方法：审阅基本生产成本明细账，抽查有关会计凭证，核对账证数额，盘点在产品实物数量，验证在产品投料率和完工率。根据成本计算单，验证在产品成本如下：

直接材料＝［（144 000+662 400）÷（480+240×80%）］×240×80%＝230 400（元）

直接工资＝［（36 000+90 000）÷（480+240×50%）］×240×50%＝25 200（元）

其他直接支出＝［（5 040+12 600）÷（480+240×50%）］×240×50%＝3 528（元）

制造费用＝［（54 000+234 000）÷（480+240×50%）］×240×50%＝57 600（元）

在产品成本合计＝230 400+25 200+3 528+57 600＝316 728（元）

在产品多留材料费＝350 400−230 400＝120 000（元）

在产品多留工资费＝42 000−25 200＝16 800（元）

在产品多留其他支出＝5 880−3 528＝2 352（元）

在产品多留制造费用＝81 600−57 600＝24 000（元）

多留在产品成本合计＝120 000+16 800+2 352+24 000＝163 152（元）

（2）存在问题：验算结果表明，该企业成本计算失误，多留在产品成本，少转完工产品成本 163 152 元。

（3）处理意见：建议将少转的完工产品成本予以补转，调账会计分录如下：

借：库存商品　　163 152

　贷：生产成本——基本生产成本　　163 152

4. 甲公司内部控制影响的财务报表项目有存货和资产减值损失。影响的认定有计价和分摊、发生、完整性。

甲公司该项内部控制存在缺陷，未将结存成本高于可变现净值部分确认为存货跌价准备，建议企业将结存成本高于可变现净值的部分确认为存货跌价准备。

5. 第（1）项不存在不当之处。

第（2）项存在不当之处。对拟检查的存货作出标识会为甲公司盘点人员知悉，损害审计程序的不可预测性。

第（3）项存在不当之处。应当确定收到的存货是否属于2013年12月31日的存货。如果属于，应当纳入存货监盘范围。

第（4）项存在不当之处。应当取得并检查所有已填用、作废及未使用盘点表单的号码记录。

6.（1）不恰当。存货A可能会在不同仓库流动，应安排在同一天实施监盘。应要求对存货存放在仓库1和仓库3的存货安排在同一天盘点。

（2）不恰当。仅从存货实物中选样追查至存货盘点记录只能获取存货记录完整性的证据。还应从盘点记录中选取项目追查至实物，以获取有关存货存在的证据。

（3）恰当。

（4）不恰当。开箱检查时，还应当抽查每个纸箱中是否有12支饮料。

（5）恰当。

（6）恰当。

六、编制工作底稿题

1.

存货审定表

被审计单位：	宏大公司	索引号：	ZI1
项目：	存货审定表	财务报表截止日/期间：	2013年12月31日
编制：	张越	复核：	李丽
日期：	2014年2月15日	日期：	2014年2月17日

项目类别	本期未审数	账项调整		本期审定数	上期审定数（略）
		借方	贷方		
一、存货账面余额					
原材料	26 327 598			26 327 598	
在途材料	3 876 112			3 876 112	
库存商品	16 435 376			16 435 376	
自制半成品	3 665 988			3 665 988	
合计	50 305 074			50 305 074	
二、存货跌价准备					
原材料					
在途材料					
库存商品	60 000			60 000	
自制半成品					
合计	60 000			60 000	
三、存货账面价值					
原材料	26 327 598			26 327 598	
在途材料	3 876 112			3 876 112	
库存商品	16 375 376			16 375 376	
自制半成品	3 665 988			3 665 988	
合计	50 245 074			50 245 074	

审计说明：

（略）

审计结论：

报表数经审计后无调整事项，可以确认。

2.

生产成本构成分析表

被审计单位：宏大公司　　索引号：ZI7

项目：生产成本构成分析表　　财务报表截止日/期间：2013 年 12 月 31 日

编制：张越　　复核：李丽

日期：2014 年 12 月 15 日　　日期：2014 年 2 月 21 日

项目			直接材料	直接人工	制造费用	合计
A产品	2013年度	1—12 月发生额	4 657 398. 36	986 176	1 456 675. 38	7 100 249. 74
		各项目所占比例	65. 6%	13. 9%	20. 5%	100%
	2012年度	1—12 月发生额	4 384 568. 26	798 632	1 387 973. 12	6 571 173. 38
		各项目所占比例	66. 7%	12. 2%	21. 1%	100%
	对比结果		-1. 1%	1. 7%	-0. 6%	
B产品	2013年度	1—12 月发生额	3 786 134. 25	876 563	1 176 487. 75	5 839 185
		各项目所占比例	64. 8%	15. 0%	20. 2%	100%
	2012年度	1—12 月发生额	3 435 865. 77	748 396	1 098 285. 66	5 282 547. 43
		各项目所占比例	65. 0%	14. 2%	20. 8%	100%
	对比结果		-0. 2%	0. 8%	-0. 6%	

审计说明：

（略）

3.

制造费用构成分析表

被审计单位：宏大公司　　索引号：ZI8-1

项目：制造费用构成分析表　　财务报表截止日/期间：2013 年 12 月 31 日

编制：张越　　复核：李丽

日期：2014 年 2 月 18 日　　日期：2014 年 2 月 21 日

制造费用项目	2013 年度		2012 年度		比重变动幅度	年度间变动额
	金额	比重	金额	比重		
工资	29 000	2. 3%	30 000	2. 3%	0	-1 000
折旧费	500 000	40. 0%	500 000	38. 5%	1. 5%	0
修理费	697 000	55. 8%	745 000	57. 3%	-1. 5%	-48 000
劳动保护费	24 000	1. 9%	25 000	1. 9%	0	-1 000
合计	1 250 000	100%	1 300 000	100%		-50 000

审计说明：

（略）

第 11 章　人力资源与工薪循环审计

一、判断题

1. √　2. ×　3. ×　4. √　5. √

二、单项选择题

1. C　2. B　3. B　4. D

三、多项选择题

1. AB　2. BD　3. AC

四、简答题（略）

五、实务题

1.

风险	计算机控制	人工控制
员工名单中可能会有虚构的员工，或存在已解雇员工仍然保留在工薪单上的情况	逻辑存取控制只允许经授权的员工在员工主文档中添加新员工或记录员工的解聘	有权雇用和解雇员工的人员不应具有其他工薪职能
记录工作时间时出现错误或舞弊	使用员工智能卡，自动更新工作时间记录	由生产管理人员、领班人员复核并签署周度时间卡片，批准正常工作时间和加班工作时间
工薪交易可能被分配至不正确的总分类账户或根本未予以记录	工薪处理过程的程序化控制自动更新相关总分类账户	由工薪人员进行监控，复核月薪以及例外报告以发现错误和遗漏
工薪可能发放给不正确的员工或通过电子支付系统支付给不正确的银行账号	对员工银行账户记录和银行信息变更执行逻辑存取控制	由专人负责工资薪金的方法，并安排主管人员不定期进行复核

2. 大明公司根据“工会经费和职工教育经费计算表”编制的会计分录有误，把在建工程人员提取的工会经费和职工教育经费计入了企业管理费用，混淆了资本性支出和收益性支出的界限，应做如下调整分录：

借：在建工程　　　　1 312.15

　贷：管理费用　　　　1 312.15

六、编制工作底稿题

应付职工薪酬计提情况检查表

被审计单位：宏大公司	索引号：FF2
项目：应付职工薪酬计提情况检查表	财务报表截止日/期间：2013 年 12 月 31 日
编制：李军	复核：张梅
日期：2014 年 2 月 13 日	日期：2014 年 2 月 16 日

项目名称	已计提金额（略）	应计提基数	计提比率	应计提金额
社会保险费				
(1) 医疗保险费		86 000 000	6%	5 160 000
(2) 养老保险费		86 000 000	12%	10 320 000
(3) 失业保险费		86 000 000	2%	1 720 000
住房公积金		86 000 000	17%	14 620 000
工会经费		86 000 000	2%	1 720 000
职工教育经费		86 000 000	2.5%	2 150 000
合计				35 690 000

审计说明：

（略）

第 12 章　投资与筹资循环审计

一、判断题

1. × 2. × 3. √ 4. × 5. × 6. √ 7. √ 8. √ 9. √ 10. √ 11. √ 12. × 13. ×

二、单项选择题

1. D 2. C 3. A 4. B 5. A 6. A 7. C 8. C 9. A 10. D 11. C

三、多项选择题

1. ACD 2. ABCD 3. ABD 4. ACD 5. ABC 6. ABC 7. BCD 8. ABCD 9. ABD 10. ABC 11. ACD

四、简答题（略）

五、实务题

1. 春都集团缺乏严格的投资审批控制制度，没有对投资项目进行财务分析，没有制订投资计划，仅凭领导人的主观判断、道听途说，将剩余资金盲目投资，带来不良后果。

2. 事项（1）：存在重大错报风险。嘉禾公司在 2013 年度是否对乙公司具有重大影响存在疑问，因此在 2013 年度可能存在因为提前采取权益法核算而多计长期股权投资账面价值（和投资收益）的风险。属于认定层次重大错报风险。涉及长期股权投资的存在、计价和分摊认定存在重大错报风险。

事项（2）：存在重大错报风险。在面对出口订单数量和销售收入均出现较大幅度减少的情况下，丙银行不再提供流动资金贷款，而嘉禾公司又尚未找到可以维持2013年度日常经营资金所需要的融资安排，显示出嘉禾公司2013年度的持续经营能力存在重大疑虑，对财务报表整体存在广泛影响。属于财务报表层次重大错报风险。

3.（1）审查债券合约中的各种条款，查明该公司有无违反条款。

（2）核实自发行年度起各年年末资产负债表中的流动比率，一旦低于2：1，应立即审查公司高级管理人员的工资是否低于100万元。

（3）查明该公司为债券担保资产的种类、数量、价值和投保金额，并向保险公司和有关单位进行函证。

（4）向税务机关函证，查明合约规定的资产纳税情况，审查实纳税额与账簿记录是否一致。

六、编制工作底稿题

1.（1）实施的审计程序有：①审计人员应首先获取或编制短期借款明细表，复核其加计数是否正确，并与明细账和总账核对相符。②函证短期借款。以证实借款的存在性和条件，以及有无抵押等情况。③审查短期借款的增加。对年度内增加的短期借款，应检查借款合同和授权批准情况，了解借款数额、借款条件、借款日期、还款期限、借款利率，并与相关原始凭证和会计记录进行核对。④审查短期借款的使用。主要查明被审计单位短期借款是否按规定用途使用。⑤审查短期借款的减少。审计人员可根据短期借款有关明细账记录的还款时间与借款计划和银行规定的还款时间进行核对，核实被审计单位能否在规定的偿还期限及时偿还短期借款，偿还的本金和利息计算是否真实正确。⑥检查有无到期未偿还的短期借款。⑦复核短期借款利息。验算被审计单位短期借款的利息，检查会计处理是否正确。

（2）编制的利息分配检查表如下：

利息分配检查表

被审计单位：	南方公司	索引号：	FA3
项目：	利息分析检查表	财务报表截止日/期间：	2013 年 12 月 31 日
编制：	丁颖	复核：	赵辉
日期：	2014 年 1 月 25 日	日期：	2014 年 1 月 17 日

项目名称	实际利息	利息（实际利息）分配数					核对是否正确	差异原因
		财务费用	在建工程	制造费用	研发支出	合计		
华夏银行河西支行	2 589 480.00	2 589 480.00				2 5894 80.00	是	
合计	2 589 480.00	2 589 480.00				2 589 480.00	是	

（3）编制的短期借款检查情况表如下：

短期借款检查情况表

被审计单位：南方公司　　索引号：FA4
项目：短期借款检查情况表　　财务报表截止日/期间：2013 年 12 月 31 日
编制：丁颖　　复核：赵辉
日期：2014 年 1 月 25 日　　日期：2014 年 1 月 17 日

记账日期	凭证编号（略）	业务内容	对应科目	金额	核对内容（用“√”、“×”表示）					备注
					①	②	③	④	⑤	
3 月 6 日		还华夏银行短期借款	银行存款	20 000 000.00	√	√	√	√	√	华夏银行（贷款）借款凭证
4 月 27 日		还华夏银行短期借款	银行存款	30 000 000.00	√	√	√	√	√	华夏银行（贷款）借款凭证
3 月 8 日		收华夏银行短期借款	银行存款	20 000 000.00	√	√	√	√	√	华夏银行（贷款）还款凭证
4 月 25 日		收华夏银行短期借款	银行存款	20 000 000.00	√	√	√	√	√	华夏银行（贷款）还款凭证
5 月 27 日		收华夏银行短期借款	银行存款	20 000 000.00	√	√	√	√	√	华夏银行（贷款）借款凭证
7 月 24 日		还华夏银行短期借款	银行存款	20 000 000.00	√	√	√	√	√	华夏银行（贷款）还款凭证
核对内容说明：①原始凭证是否齐全；②记账凭证与原始凭证是否相符；③账务处理是否正确；④是否记录于恰当的会计期间；⑤是否经过授权审批。										

审计说明：

我们在银行函证回函短期借款相关信息正确无误的基础上，检查南方公司短期借款 2013 年度新增银行借款以及还款情况相关的原始凭证，并与相关会计记录进行核对。经检查，短期借款可以确认。

（4）编制的短期借款审定表如下：

短期借款审定表

被审计单位：南方公司　　索引号：FA1
项目：短期借款审定表　　财务报表截止日/期间：2013 年 12 月 31 日
编制：丁颖　　复核：赵辉
日期：2014 年 1 月 25 日　　日期：2014 年 1 月 17 日

项目名称	本期未审数	账项调整		本期审定数	上期审定数
		借方	贷方		
信用借款	40 000 000.00			40 000 000.00	50 000 000.00
抵押借款					
质押借款					
保证借款					
合计	40 000 000.00			40 000 000.00	50 000 000.00

审计结论：

报表数经审计后无调整事项，可以确认。

2.（1）实施的主要审计程序有：①索取实收资本明细表，并与有关的原始凭证和会计记录进行核对。②检查出资期限和出资方式、出资额。检查投入资本是否真实存在。③检查实收资本的增减变动。

（2）编制的实收资本（股本）审定表如下：

实收资本（股本）审定表

被审计单位：	南方公司	索引号：	QA1
项目：	实收资本（股本）审定表	财务报表截止日/期间：	2013 年 12 月 31 日
编制：	于美美	复核：	赵辉
日期：	2014 年 1 月 26 日	日期：	2014 年 1 月 28 日

股东名称	本期未审数	账项调整		重分类调整		本期审定数	上期审定数（略）
		借方	贷方	借方	贷方		
甲公司	55 000 000. 00					55 000 000. 00	
乙公司	19 000 000. 00					19 000 000. 00	
丙公司	21 000 000. 00					21 000 000. 00	
丁公司	46 000 000. 00					46 000 000. 00	
合计	141 000 000. 00					141 000 000. 00	

审计结论：

报表数经审计后无调整事项，可以确认。

第 13 章　货币资金审计

一、判断题

1. √　2. ×　3. √　4. √　5. ×　6. √　7. ×　8. √　9. ×　10. ×　11. ×

二、单项选择题

1. A　2. C　3. A　4. C　5. B　6. D　7. C　8. A　9. A　10. B　11. B　12. C

三、多项选择题

1. AB　2. ABCD　3. BC　4. ACD　5. ABC　6. ABCD　7. ABCD　8. AD　9. CD　10. ABCD

四、简答题（略）

五、实务题

1. （1）盘点结果：盘点账面应存数为 1 500. 20 元（1 890. 20+130−520），盘点时实存数为 1 997. 58 元，盘盈数为 497. 38 元（1 997. 58−1 500. 20）。2013 年 12 月 31 日库存现金实存额为 1 557. 42 元（1 997. 58−4 560. 16+4 120）。

（2）存在的问题：①白条抵库。②收付款未及时入账。③现金盘盈。

对白条抵库应及时收回，对出纳员应批评教育。对收付款应及时入账。对盘盈现金应查明原因，经批准后及时作出调账处理。

2. 存在的问题：

①混淆期间费用与固定资产清理费用界线，使管理费用虚增，清理费用虚减 400 元。

②虚增营业外支出 40 000 元，隐瞒营业外收入 10 000 元，将 50 000 元清理固定

资产收入的现金转入“小金库”。

调整分录如下：

①借：营业外支出　　400

　贷：管理费用　　400

②借：库存现金　　50 000

　贷：营业外支出　　40 000

　　　营业外收入　　10 000

3. 注册会计师王英根据收集的资料，编制的银行存款余额调节表如下所示：

银行存款余额调节表

编制单位：ABC 公司　　2013 年 12 月 31 日　　单位：元

项　目	金　额	项　目	金　额
企业银行存款日记账余额 加：银行已收款入账而企业尚未收款入账的款项 企业记账差错数 减：银行已付款入账而企业尚未付款入账的款项	35 000 10 300 350 3 150	开户银行对账单余额 加：企业已收款入账而银行尚未收款入账的款项 减：企业已付款入账而银行尚未付款入账的款项	42 000 5 800 5 300
调节后的存款余额	42 500	调节后的存款余额	42 500

从银行存款余额调节表可以看出，ABC 公司 2013 年 12 月 31 日银行存款的数额双方都为 42 500 元，从而证明该公司银行存款账面余额 35 000 元基本属实。可见资产负债表上的“货币资金”项目中的银行存款数 33 500 元的真实性较差，应加以调整。

4.（1）根据所给资料，编制的银行存款余额调节表如下所示：

银行存款余额调节表

2013 年 2 月 28 日

项目	金额	项目	金额
企业银行存款日记账余额 加：银行已收款入账而企业尚未收款入账的款项 改正错误	220 000 5 500 46	开户银行对账单余额 加：企业已收款入账而银行尚未收款入账的款项 减：企业已付款入账而银行尚未付款入账的款项	223 546 4 000 2 000
调整后的存款余额	225 546	调整后的存款余额	225 546

（2）存在的问题：第（1）笔和第（3）笔业务有出借银行账户的问题，需进一步调查；银行存款日记账有错记漏记情况。

5. 采取的措施：

（1）建立银行存款职责分工制度。保管空白支票与保管支票印鉴的职务分开；银行存款收付款业务处理与编制银行存款余额调节表业务分开。

（2）建立支票管理制度。如支票购买、领用登记、使用审批、使用后回收保管等方面的制度。

（3）建立银行存款定期对账制度。如银行存款日记账定期与总账核对，与银行对账单核对等。

通过建立以上制度，可以尽可能减少银行存款贪污舞弊情况的发生。

六、编制工作底稿题

1.

货币资金审定表

被审计单位：ABC 公司　　索引号：QA1
项目：货币资金审定表　　财务报表截止日/期间：2013 年 12 月 31 日
编制：李军　　复核：张梅
日期：2014 年 1 月 23 日　　日期：2014 年 1 月 24 日

项目名称	本期未审数	账项调整		重分类调整		本期审定数	上期审定数（略）
		借方	贷方	借方	贷方		
库存现金	265.86					265.86	
银行存款	4 263 500.00	30 000	50 000			4 243 500	
其他货币资金							
合计	4 263 765.86	30 000	50 000			4 243 765.86	

审计结论：

报表数经调整后可以确认。

2.

银行存款（其他货币资金）明细表

被审计单位：ABC 公司　　索引号：ZA3
项目：银行存款（其他货币资金）明细表　　财务报表截止日/期间：2013 年 12 月 31 日
编制：李军　　复核：张梅
日期：2014 年 1 月 20 日　　日期：2014 年 1 月 21 日

开户行	账号	是否系质押、冻结等对变现有限制或存在境外的款项	银行存款日记账余额（原币）	银行已收，企业未入账金额	银行已付，企业未入账金额	调整后银行存款日记账余额	银行对账单余额（原币）	企业已收，银行未入账金额	企业已付，银行未入账金额	调整后银行对账单余额	调整后是否相符
			①	②	③	④=①+②-③	⑤	⑥	⑦	⑧=⑤+⑥-⑦	
工行解放路支行	213400×	否	2 487 975.68			2 487 975.68	2 487 975.68			2 487 975.68	是
建行和平路支行	340020×	否	4 549 246.87			4 549 246.87	4 549 246.87			4 549 246.87	是
中行江南路支行	610181×	否	3 652 974.05			3 652 974.05	3 652 974.05			3 652 974.05	是
合计			10 690 196.60			10 690 196.60	10 690 196.60			10 690 196.60	

编制说明：略

3.

货币资金收支检查情况表

被审计单位：	ABC 公司	索引号：	ZA7
项目：	货币资金收支检查情况表	财务报表截止日/期间：	2013 年 12 月 31 日
编制：	李军	复核：	张梅
日期：	2014 年 1 月 18 日	日期：	2014 年 1 月 19 日

记账日期	凭证字号	业务内容	对应科目	金额	核对内容（用“√”、“×”表示）				备注
					①	②	③	④	
3 月 1 日	0586#	收货款	应收账款	126 368.60	√	√	√	√	
5 月 8 日	1360#	付电费	应付账款	64 358.50	√	√	√	√	
7 月 16 日	0986#	收工行利息	财务费用	15 863.45	√	√	√	√	
核对内容说明：①原始凭证是否齐全；②记账凭证与原始凭证是否相符；③账务处理是否正确；④是否记录于恰当的会计期间。									
对不符事项的处理：无。									

审计说明：

（略）

4.

银行询证函

索引号：ZA6

编号：001

工行解放路支行：

本公司聘请的晋审会计师事务所正在对本公司 2013 年度财务报表进行审计，按照中国注册会计师审计准则的要求，应当询证本公司与贵行相关的信息。下列信息出自本公司记录，如与贵行记录相符，请在本函下端“信息证明无误”处签章证明；如有不符，请在“信息不符”处列明不符项目及具体内容；如存在与本公司有关的未列入本函的其他重要信息，也请在“信息不符”处列出其详细资料。回函请直接寄至晋审会计师事务所。

回函地址：略　　　　邮编：略

电话：略　　　　传真：略　　　　联系人：李军

截至 2013 年 12 月 31 日止，本公司与贵行相关的信息列示如下：

1. 银行存款　　　　单位：元

账户名称	银行账号	币种	利率	余额	起止日期	是否被抵押、用于担保或存在其他使用限制	备注
ABC 公司	213400×	人民币		2 487 975.68		否	

除上述列示的银行存款外，本公司并无在贵行的其他存款。

2. 银行借款

……

（ABC 公司盖章）

2014 年 1 月 16 日

------------------------------------以下仅供被询证银行使用------------------------------------

结论：

1. 信息证明无误。 （银行盖章） 经办人：　年　月　日
2. 信息不符，请列明不符项目及具体内容 （银行盖章） 经办人：　年　月　日

综合实训一

1. 存在重大错报风险。

分析程序：

（1）2012 年度已审数中甲产品的毛利率 =（20 000 − 17 000）÷20 000 = 15%，2013 年度未审数甲产品的毛利率 =（25 000−20 000）÷25 000 = 20%，但是根据资料二显示“替代产品面市使甲产品的市场需求减少，市场竞争激烈，导致销售价格明显下跌”，所以很可能存在虚增收入的情况。

（2）因为市场竞争激励，甲产品的市场需求减少，但是甲产品 2013 年度收发存记录显示该产品年末余额为 0，很可能该存货被低估。

（3）从“与销售甲产品相关的应收账款变动记录”中可以看出，2013 年 12 月 9 日赊销产生的应收账款在 2014 年 1 月 31 日都没有收回，但是“产品销售采用赊销方式，正常信用期为 20 天”，所以应收账款很可能存在坏账计提不足或虚构收入等重大错报风险。

（4）因为汇率因素导致 H 原材料采购成本大幅上涨，将会导致甲产品的成本上升，但是甲产品 2013 年的入库单价却下降，很可能表明存货成本存在重大错报风险。

（5）因为 ABC 公司无明显产销淡旺季，但甲产品在 12 月份却有大量的出库，很可能表明存在虚构销售的重大错报风险。

2.

财务报表项目	认　定
存货	计价和分摊
应收账款	存在、计价和分摊
营业收入	发生、准确性
营业成本	准确性、完整性

3. 如果 ABC 公司存在财务报表层次重大错报风险，注册会计师李玲应该实施的

总体应对措施：

（1）向项目组强调在收集和评价审计证据过程中保持职业怀疑态度的必要性。

（2）分派更有经验或具有特殊技能的审计人员，或利用专家的工作。

（3）提供更多的督导。

（4）在选择进一步审计程序时，应当注意使某些程序不被管理层预见或事先了解。

（5）对拟实施审计程序的性质、时间和范围作出总体修改。

4. 如果评估的 ABC 公司财务报表层次重大错报风险属于高风险水平，则注册会计师李玲拟实施进一步审计程序的总体方案通常更倾向于实质性方案。

5. 针对评估的财务报表层次重大错报风险，在选择进一步审计程序时，注册会计师李玲可以通过下列方式提高审计程序的不可预见性：

（1）对某些以前未测试的低于设定的重要性水平或风险较小的账户余额和认定实施实质性程序。

（2）调整实施审计程序的时间，使其超出被审计单位的预期。

（3）采取不同的审计抽样方法，使当年抽取的测试样本与以前有所不同。

（4）选取不同的地点实施审计程序，或预先不告知被审计单位所选定的测试地点。

6. 如果 ABC 公司 2013 年度财务报表存在舞弊导致的认定层次重大错报风险，注册会计师李玲应当考虑采用下列方式予以应对：

（1）改变拟实施审计程序的性质，以获取更为可靠、相关的审计证据，或获取其他佐证性信息，包括更加重视实地观察或检查，在实施函证程序时改变常规函证内容，询问被审计单位的非财务人员等。

（2）改变实质性程序的时间，包括在期末或接近期末实施实质性程序，或针对本期较早时间发生的交易事项或贯穿于整个本期的交易事项实施测试。

（3）改变审计程序的范围，包括扩大样本规模，采用更详细的数据实施分析程序等。

7. 对销售实施截止测试，注册会计师李玲应当以账簿记录为起点。从资产负债表日前后若干天的账簿记录追查至记账凭证，检查发票存根与发运凭证，目的是证实已入账收入是否在同一期间已开具发票并发货，有无多记收入。

综合实训二

1.

事项序号	是否可能表明存在重大错报风险	理 由	重大错报风险属于财务报表层次还是认定层次	财务报表项目及相关认定
(1)	是	关键管理人员的变化，因为2012年销售业绩未达到董事会制定的目标，2013年就更换了销售副总，很可能存在高估收入的风险	认定层次	营业收入/发生 应收账款/存在
(2)	是	2012年度的毛利率为20.36%，考虑其建议零售价比2012年降低6%以及主要原材料价格平均上涨5%，那么，2013年度的毛利率应该在9%左右，但是2013年度的毛利率为14.55%，所以有可能高估收入或低估成本	认定层次	营业成本/完整性、准确性 营业收入/发生、准确性
(3)	是	2012年度的毛利率为20.36%，2013年度的毛利率为14.55%，同时，2014年度开始下调主要产品的售价，说明企业存货在2013年年底就可能有减值的迹象。另外分析2013年度比2012年度存货跌价准备的计提减少了22.92%，说明很可能少计提了存货跌价准备	认定层次	存货/计价和分摊 资产减值损失/完整性
(4)	是	①固定资产折旧年限整体下调,2013年初,房屋建筑物累计折旧占其固定资产的45.53%,说明调整折旧年限后,很可能存在折旧年限已到,应做固定资产减少的房屋建筑物,但本年房屋建筑物减少却为零,很可能存在高估固定资产的情况; ②房屋建筑物、机器及其他设备折旧年限都下降了，应该考虑其会计估计变更的合理性	认定层次	①固定资产/存在 营业外支出/完整性 ②固定资产/计价和分摊 管理费用/准确性 销售费用/准确性
(5)	是	新建设的固定资产因属违建要被拆迁，应该计提固定资产减值准备，但是实际上当年没有计提减值准备，可能存在少计提减值准备的风险	认定层次	固定资产/计价和分摊 资产减值损失/完整性
(6)	是	财务信息的提前更换，可能存在不稳定运行的情况	财务报表层次	
(7)	否			

2.

事项序号	财务报表项目	认定
(1)	营业收入	发生、完整性
(2)	营业成本、存货	准确性、计价和分摊
(3)	存货	计价和分摊

3.

事项序号	是否存在缺陷（是/否）	缺陷描述	理由	改进建议
(1)	是	销售部门将核对工作结果交给销售部门审阅不恰当	销售部门应该将核对结果出现的差异交给会计部门，便于会计部门进行相应的调整	建议将核对结果交给会计部门进行相应的调整
(2)	否			
(3)	是	①会计部门每月编制的存货结存成本及可变现净值汇总表没有经过适当的审批；②将结存成本低于可变现净值的部分确认为存货跌价准备不恰当	①会计部门每月编制的存货结存成本及可变现净值汇总表应该经过会计主管的审批；②根据企业会计准则规定，企业应该根据结存成本高于可变现净值的部分计提存货跌价准备	①建议将每月编制的存货结存成本及可变现净值汇总表经过会计主管的审批；②建议根据结存成本高于可变现净值的部分计提存货跌价准备

4.

事项序号	是否得到有效的执行（是/否）	理由
(1)	是	
(2)	否	如果该系统有问题应该更正系统，而不是简单地将错误的地方用手工录入方式予以修正，这样更正得不彻底
(3)	否	应该根据存货调整后最终结存的成本和可变现净值汇总表比较，而不是根据9月末未经盘点结果调整的产成品的成本和可变现净值的汇总表比较

5.

资料三所列事项序号	资料三所列控制对防止或发现资料一所列事项的重大错报风险是否有效（是/否）	与资料一的第几个（或者哪几个）事项的认定层次重大错报风险直接相关	理由
(1)	是	(1)、(2)	该控制的目标已登记入账的营业收入均有销售发票等原始凭证
(2)	否		
(3)	否		